道友社
きずな新書
005

こどもの言い分

芝 太郎

まえがき

あるとき、「八つのほこり」をテーマとして何か読み物を書いてほしいと、少年会本部出版部から依頼された。ちょうど、中学生の長男から、まだおむつが取れない二男まで、六人の子育ての真っ最中だったので、一番身近なわが子たちを題材に注文にこたえてみようと書き始めたのが、この本の主な内容である。

現在、末っ子の二男が二十二歳なので、二十年の歳月が経過したことになる。家族や社会の様子はずいぶん変化しているが、お道の信仰を軸にした私の考え方はあまり変わっていないので、あらためて世に問うことにした。

犬や猫は生まれたとき、わんわん、にゃあにゃあ。この世を去るときも、わんわん、にゃあにゃあ。人間は生まれたとき、おぎゃあ、おぎゃあ。さて亡くなるときはどうか。まさか、おぎゃあおぎゃあとは言わないけれど、世の多くの人たちは、その泣き声とあまり大差がないのではなかろうか。

「盥から盥へ移るちんぷんかんぷん」

これは江戸時代の有名な俳人・小林一茶の辞世の句といわれている。生まれたときに産湯を使うタライ、亡くなったときに湯灌に使うタライ。最初と最後はタライのお世話になると、はっきり分かってはいるが、その間の人生そのものは何が何だかさっぱり分からないというエラク心細い話だ。

教祖は、人間は心を磨いて、その成人の結果、陽気ぐらしを実現するために生きるのだと明示されたが、たとえこの道の信仰を知らなくても、人生に用意されている〝三つの階段〟を上ってゆけば、誰でもおのずと成人できるような仕組みになっていると私は感じる。

まず最初は、「子どもの立場」という階段。親に仕える、親から学ぶということ。これは何も年齢的成長に限らない。ものごとを始めるときは、誰しも師や教科書に仕え学ぶのではないだろうか。漬物がどっぷり漬かって発酵するように、おのれを無にして吸収すればするだけ基礎が固められる。

二番目は、「夫婦という立場」。これは相談・協力という試練。あらゆる面で別の者同士が相談して協力するということは並大抵ではない。互いにレベルを合わせながら、思いを聴き取り、考えを説き明かし、そして実際に力を出し合う。辛抱（しんぼう）強く涙ぐましい努力と年限が必要だ。たとえば職場での人間関係は、ほぼこの能力のいかんによって決まるのではないだろうか。

そして三番目が、「親という立場」。〝木の上に立って見る〟とは、なかなかうがった字の解釈。子どもの知らない過去を知って、癖（くせ）性分、いんねんを踏まえ、子どもの将来を見晴らして有望な種をまく。これも、事は子育てに限らない。スタッフを養成し、弟子を育てるのは皆、この三番目の段階だ。

この三番目の階段が、実は一番むずかしい。

一番目は、「はい」と明るい返事をするだけで親は喜ぶ。求められたことの三分の一しかできなくても、「はい」と明るく受けて頑張れば、その心意気を倍にも三倍にも受け取ってくれる。

二番目の夫婦の立場となれば、相談を持ちかけられているのに、「はい」と返事するだけでは相談にならない。事態の困難さをよく理解し、名案をひねり出さなければならない。

さらに、三番目の親の立場ともなれば、たとえば幼児が刃物を振り回したとき、返事だけでは何の役にも立たないし、相談したって、わんぱく坊主がお気に入りのピカピカ光るおもちゃを手放すはずはない。けがをさせないように、しかも今後の再発をピシッと止める指導をしておかなければならない。

ひるがえって、私はというと、どれも不十分だったけれど、良き親に恵まれ、切磋琢磨（せっさたくま）する相手に出会い、授かった六人が何とか二十歳を超えるまでになった。家庭を築き、社会に役立つまでは、もう少しというところ。

六人の感想を読むと、いまさらながらに、同じ境遇にあっても受け取り方は千差万別。親は親で、今後もしっかり歩み続けるのみと覚悟した。

平成二十三年　元旦

芝　太郎

もくじ

〝言い分〟1992 ………………………… 103

〝言い分〟2011

カバー・本文イラストレーション　あべえつこ

〝言い分〟1991

〝心のおむつ〟卒業してる？

ボクは六人兄弟姉妹(きょうだい)の末っ子で、二歳から三歳の真ん中ごろ。名前は毅仁(たけひと)と言います。おじいちゃんがつけてくれました。

『論語』という本に〝毅然(きぜん)として、仁のある人が良い〟と出ているそうです。仁があるかどうかは分かりませんが、毅然というところは少しあるかもしれません。

この前も、ボクをとてもかわいがってくれるおじさんの、「ター君、ター君」と呼ぶ声があまりに耳についたので、「ボクはタケヒト」って言ってやりました。

そしたら、おじさんは「こいつは生意気(なまいき)だ」とみんなに言いふらしていました。

二人の間の問題を周りにしゃべりまくるなんて、見かけとは大違い、男らしくない。ボクはまたもや大人の本質を垣間(かいま)見る思いでした。とは言うものの、機嫌の良いときは「ター君」という呼び方も、なかなか捨てたものではありません。

しかし、かなり気ままに振る舞っているこんなボクでも、弱点があります。実は、おむつがまだ取れません。

お母さんをはじめ、お兄ちゃんもお姉ちゃんも何かあると「おむつのター坊」とか言って揶揄(やゆ)します。そんなときは、人の弱みにつけこむ卑怯(ひきょう)さを思い知らせるため、向こう脛(ずね)を蹴(け)ってやります。

ところが、うまくかわされてスッテンコロリンとやるときも（なんせ、まだ

SALE!!!
KOKORO no
OMUTSU

足が短い)。これがまた悔しい。しかし、おむつそのものは隠しようのない事実なので(ズボンの外からでも、ゴワゴワしているのがあけすけや)、弁解はいたしません。

お母さんがボクのおむつの取れる日を首を長くして待っているのは、それが一人前になる最初の一歩だからでしょう。ボクはいま、食べること、寝ること、着ること……何もかも親まかせ、人まかせで、とても手間がかかる。なかでも用便は回数も多いし、やっかいだから、それだけでも自分でできるようになってくれればと、そう願っているのでしょう。

その気持ち、よく分かるつもりです。でも、ボクは言いたい。確かにボクはおしっこやうんこを引っつけたままで汚いでしょう、臭いでしょう。しかし、汚れ物はオチンチンやおしりからだけ出るとは限りません。心もずいぶん汚れを出すのです。

ボクは朝起きると、元気いっぱい、喜びいっぱいで走り回っています。無いのではなく、在ることのうれしさ。死んでいるのではなく、生きていることの楽しさ。不自由ではなく、自由であることの心地よさ。危険から手厚く守られていることへの安らかさが、おのずと力いっぱい、無鉄砲なほどの行動力になるのです。

ところが大人は、一日がそれほどおもしろくないらしい。朝起きからして、しぶしぶ。起きぬけの顔の一様な不機嫌さはすごいものです。そして、些細なことで腹を立てたり、文句を言ったり。どんなに不愉快なことでも、生きている喜びに比べれば、太陽にかき消される懐中電灯の光のようにボクには思えるのに……。

こんなに明るい太陽の輝きを感じなくなるのだから、大人はよっぽど心のスモッグを吐き出して、厚い雲で自分を覆（おお）っているのではないかしら。ボクを「おむつのター坊」呼ばわりするのなら、まず大人たちが心のスモッグ、〝心のおむつ〟を卒業してからにしてほしい。

正直なところ、ボクたち子どももまったくの天使というわけではありません。すぐ上のお姉ちゃんとボクは、いつもおもちゃや本の取り合いっこ。憎まれ口も言えば、けんかもします。

でも、ボクたちはたいていすぐに忘れてしまい、ケロッとして仲直り。そして、明日はまた新しい心の誕生。ボクたち子どもの瞳（ひとみ）が濁（にご）りなくキラキラと美しいのは、そのせいだと思います。忘れることで心の掃除をしているのです。

その点、大人はいやなことを明日に持ち越す。憎んだり恨んだりして、あとあとまでこだわる。それは、心の汚物を洗い流さず引っつけたまま、ボクに言わせれば、さながら、おむつそっくりです。

人間が人間として成長していく、成人する、その第一歩は、ボクがおむつを取って排泄の処理を自分でするように、心の汚れを自分で取り払うことではないでしょうか。

体も服装も道具も部屋も、一日たてば汚れるのだから、心も汚れを出さない人はいないでしょう。要はそれに気づいて、早めに掃除をするかしないかの違いだと思うのです。

さて、お父さん、お母さん、あなた方はどうですか。昨日も食事のときに、お箸の置き方がどうのこうのと言って腹を立て合って、いまだに口をきかないでしょう。生命にも世界情勢にもかかわらないどうでもいいことで、よくそんなに真剣に二日も三日もけんかできますね。幼稚なこと、このうえない。ボクから見れば、それこそ心の汚物を出し合い、引っつけたまま、あまつさえ撒き散らすその汚さ、臭さ、幼さは、おむつの比ではありません。

まあ、ボクも〝子どもの欲目〟で、自分の親はまだ反省を怠らないだけましなほうだろうと思うけれど、世のなかを見渡すと、心のおむつの取れない人間がなんと多いことだろう。なかには、短気や文句言いを自慢する輩もいます。まるで、おむつを取り外して振り回しているようなものだ。

自分で出した心の汚物は、その日のうちに自分できれいに始末すること。分かりましたか、お父さん、お母さん。

こぼれたジュースは惜しいけれど…

ワタシは優理と言います。六人兄弟姉妹の五番目で、もうすぐ四歳になる女の子です。

先に、一番手で登場したター君は、たった一人の弟ですが、確かにこのごろ生意気になって、しかも乱暴なんです。気に入らないことがあると、たたいてきたり、物を投げつけたりするので、被害甚大なワタシとしては、どこかに訴えたいところだけれど、周りはみんな忙しい人ばかりなので、なかなか取り合ってくれません。結局、逃げるか泣き寝入りをするしかないの。

ただ、この前、ワタシのおやつを欲しそうにしていたので、取りに来る前にあげたら、「お姉ちゃん」とか言って甘えてきたので、〝ハハーン、これだな〟と思ったわ。男って単純なんですね。ちょっと先に機嫌を取っておくと、すぐにデレーッとなって狼(おおかみ)が羊(ひつじ)になってしまう。

〝あっ、そうか、お母さんがお父さんに使っているのもこの手なんだ。よし、これからはこの手でいこうっと〟

ただ、ワタシも反省なしというわけではありません。惜しいという気持ちがとても強いの。自分だけが損をするとか、人並みより劣っているのがメッチャいや。みんなより余計に、とは思わなくても、少ないのには我慢できないの。昨日も幼稚園の（そうそう、言い忘れたけど、今年から近くの幼稚園に行っているのよ）給食のとき、隣のあきちゃんはジュースがいっぱい入っているのに、ワタシのは、だれかが机に当たった拍子にお盆にこぼれて、ものすごく減ってしまったの。それが悔しくて悔しくて……。帰る途中、お母さんに手を握ってもらっていたら、とうとう泣けちゃった。あとでお母さんからその話を聞いて、みんなはワタシを笑いものにしたけれど、あのこぼれたジュース、本当に悔しかったんだから。

そういえば、お兄ちゃんやお姉ちゃんだって、そういうことあるんじゃないの？　この前のゴールデンウイークのとき、教会の行事がずーっと重なって、どこへも連れていってもらえないから、最後の休みの日にお父さんにおねだりしたら、淀川（よどがわ）の河川敷公園へハイキングに連れていってあげようと言ってくれたのに、みんなはブーブー、ガーガー、文句いっぱい。

「友だちは旅行に行ったり遊園地に行ったり、なかにはディズニーランドやハワイへ出かけたりしている人もいるのに……」とか、ほかの人と比べられて、お父さん、困ってたわ。でもワタシは大賛成したの。だって、みんなで出かけられるだけでうれしかったもの。

川に沿った遊歩道、葉桜の並木道を、毛虫を怖がりながら、おじいちゃんから昔のお話を聞いたり、砂を運ぶ船の説明をしてもらったり、魚釣りの人とお話ししたりして、ぶらぶら歩いて河川敷に着いたときには、おなかがぺこぺこだった。

お母さんの作ってくれたお弁当を広げたら、みんなの手が伸びて、あっという間になくなっちゃって、おやつまでごはん代わりに食べちゃった。それから、ダンボール箱をつぶしてソリにして土手を滑り降りたり、芝生（しばふ）の上を四つん這（ば）いで駆けっこしたり。ター君なんか、お父さんとウルトラマンごっこで取っ組み合いをしたり、お兄ちゃんたちは魚をすくったり、ボール遊びをしたり、本当におもしろかったね。おかげで帰りはだいぶくたびれちゃったけれど、すぐみんなでお風呂に入ってまたワイワイ騒いで、一日中いっぱいいっぱい遊んで楽しかった。

無理によそへ出かけていたら、時間やお金ばかりかかって、あんなに始めっから終わりまで遊べたかしら。だから、ほかの人がこうだからああだから、同じでなくっちゃというのは、あんまり意味ないかもしれないと思うの。

この前のジュースで泣いたとき、お母さんが言ってた。

「こぼれて少なくなったのが、まだ優理ちゃんので良かったね。あきちゃんやほかのお友だちのジュースだったら、その子が泣いたり我慢したりするのを見ないといけないけれど、それはもっとつらくて悲しいことよ。なかにはパンやごはんがなくて、泣く元気もないままに、ちっちゃな子どもがたくさん死んでしまうところが、世界中あっちにもこっちにもあるの」

「みんなが我慢しなくても楽しく暮らせる世のなかはまだ来ないから、いまは、だれかが我慢しなければならないようなことが少なくないけれど、そういうときは、自分から進んで損なほうを引き受けるような人になりたいわね」

「野菜や果物、魚や動物も本当はもっともっと生きていたいけれど、優理ちゃんやお母さんの命のために損なほうに回って、私たちの食べ物になって命を捧(ささ)げてくれているんだもの。優理ちゃんやお母さんが、こうして毎日元気で明るく暮らせるのも、いろんな生き物やたくさんの人たちが損なほうに回ってくれているからだと分かれば、今度自分が損をするとき、喜んでいられる気がするんじゃないの。だから、もしもまたジュースがこぼれても、そのときは、優理

ちゃんのジュースで良かった、って喜んでね」

なんだか難しいお話のように思ったけれど、お母さんの気持ちがなんとなく分かって、お母さんが一生懸命お話ししてくれたのがうれしかった。

そういえば、おやつのときでも遊んでいるときでも、得ばっかりしてる子は、どこかかわいいところがないわね。ワタシはかわいいのが好きだから、損してもいい。これから、もっともっとかわいくなろーっと。

心にクセがつく前に

「潤子、ジューンコ、ほら、起きなさい。みんなはもうごはん食べてますよ。学校に遅れるわよ」

この声が聞こえたとたん、私はいつも天国から地獄に落ちます。気持ちよく夢の世界に浮かんでいるのに、いっぺんにパーです。お父さんは、「この子は血圧が低いのだろう」と慰めてくれますが、時間は容赦なく過ぎていきます。

〝あーあ、ター君や優理ちゃんがうらやましいなあ。もう一度、幼稚園に戻りたい〟。でも私は二年生。そして、もうこの年齢で、〝時間はゼッタイ戻らない〟

という厳しい法則を毎朝、思い知らされています。

「朝、起きにくいのは、夜早く寝ないからよ」

としかられますが、分かっちゃいるけど、できにくい。夜になっても大人たちは、まだ忙しそうにしているし、お姉ちゃんたちと話したり遊んだりしているうちに、ついつい遅くなる。第一、あんまり眠くない。私って、夜型なのかな。

それにしても、眠るって不思議なことだなあと思います。さっきまでワイワイ騒いでいても、いつの間にかナーンにも分からなくなって、それでも息はしていて、目が覚めたら、すぐ元の私に戻るんだものねえ。

昨日も学校から帰ったら、ター君と優理ちゃんが昼寝をしていました。起きていたら、やかましくって、「うるさい！」とどなりたくなるような二人が、ほんとに静かにスースー寝ているのが、なんだかおかしかった。

お父さんが言うのには、眠っている間に、起きているときの疲れはすっかり掃除ができて、体はまた元気に動けるようになるのだそうです。それじゃあ、もしもゼーンゼン眠らなかったら、ほこりやサビのたまった機械みたいに動けなくなってしまうのかなあ。

まだ不思議なことがあるわ。掃除って自分でするると、くたびれるでしょう。一週間前だったか、教室の掃除当番の日、いつものことだけど男の子は暴れてばかりで役に立たないし、そのうえ仲良しのすみちゃんは風邪（かぜ）ひきでお休みだし、だから坂本（さかもと）さんと二人だけで、掃（は）いて、拭（ふ）いて、整頓（せいとん）したら、ほんとにしんどかった。様子を見に来た先生が、男の子をしかって私たちをほめてくれたから、胸はスッとしたけどね。

それなのに、眠っているときの体の掃除は、頭や胸やおなかや手や足や、目も耳も口も鼻も、いっぱいいっぱいあるのに、ちっとも疲れないで反対にスヤスヤと気持ちよくって、起きると疲れが取れているなんて、これはどういうこと？　お母さんに聞くと、神さまが掃除をしてくださっているんだって。自分ではしていないから、やっぱり神さまのしわざかなあ。

あ、そうそう、思い出した。この前、陽子姉ちゃんがお友だちにいじわるされて、次の日の朝もウジウジしていたら、お母さんがこんなふうに言ってた。

「陽子ちゃん、眠っている間に体はすっかりお掃除ができて、新品みたいに生まれ変わっているのに、心が昨日のことにとらわれてお古だったら、もったいないわ。せっかくの新しい紙をしわだらけにして、その上に字を書くようなものので、いい気持ちがしないわよ。そういうことを繰り返していたら、そのしわが取れなくなって、しまいには心にクセがつくの。長い間、紙を折ったままにしておくと、その折りあとが消えないのといっしょ。そうしたら、陽子ちゃんがお母さんやおばあさんになっても、いつまでも古くさいことでウジウジすることになるわ。サア、心も新品になって、今日は今日のことをたくさん楽しもうよ」

玄関まで送ってもらって頭を撫でてもらったお姉ちゃんは、とたんに元気になって、待っていた私や洋子姉ちゃんより先に「行ってきまーす」って学校に飛んでいっちゃった。私もお母さんに頭を撫でてもらいたかったなあ。

その日、学校から帰って、陽子姉ちゃんは私になんて言ったと思います？

「潤子（私が呼び捨てにすると怒るくせに、自分は私のことを呼び捨てで平気。それが第一オーボーというものよ）、ランドセルも開けないで放ったまま、遊んでいていいの!?　お父さんから、いつも言われているでしょう。勉強の習慣は三年生までにつけておくんだって。潤子はもう二年生よ。だいたいテストで良い点を取りたいの、悪い点を取りたいの？　……黙っていては分からないわ、どっちなの？」

「そりゃあ、良い点に決まってるじゃん（分かりきったこと、聞かんといて。ほんまにいじわる！）」

「そうでしょう。だったら、帰ってきたらすぐに宿題とおさらいをしないと。お姉ちゃんたちは、いつもしているでしょう。ダイタイネ、努力もしないで良くなりたいと思うのは、ほしい、ほしいという〝心のしわ〟みたいなものよ。そんなクチャクチャの心でいたら、せっかくの新しい紙をしわだらけにして、その上に字を書くようなもので、いい気持ちがしないわよ。そういうことを繰り返していたら、しわが取れなくなって、しまいには心にクセがつくの。

長い間、紙を折ったままにしておくと、その折りあとが消えないのといっしょ。そうしたら、お母さんやおばあさんになっても、いつまでも努力しないでほしがるばっかりの〝くれくれ人間〟になるわ。サア、サッササと宿題をすませて、今日は今日のことをたくさん楽しもうよ」

なあんちゃって。私は三時間、開いた口がふさがりませんでした。

みんな一つにつながって

―算数の宿題―

陽子（ようこ）です。六人兄弟（きょうだい）姉妹の三番目で、小学四年生です。いま学校で、算数は小数のところを習っています。〃宿題が分からないのに、お父さん、お母さんが留守で困ったな〃と思っていたら、おじいちゃんが教えてくれました。

「おじいちゃん、小数がもうひとつはっきり分からないんだけど」

「サア、おじいちゃんもどこまで説明できるかなあ。でも、先生になったつもりでやってみよう。たとえば、陽子の家族は何人かな？」

「おじいちゃん、おばあちゃん、お父さん、お母さん、それに、子どもが私を入れて六人でしょう、だから全部で十人よ」

「そうだね。それでは、陽子の体重はいくらかな？」

「いやだわ、おじいちゃん。女の子に体重を聞くなんて」

「エエ！　もうそんなこと気にするの？　まいったなあ。よし、じゃあ、身長はどれくらいかな？」

「一四〇センチくらいかな」

「いつの間にか大きくなったね。それじゃ、だいたいではなくて実際に測ってみよう。じゃあ、『脱いだ』と言ってごらん」

「ナニ、それ？」

「昔は、体を測るときにこう言ったんだ」

しゅくだい

「ヘェ、おもしろいのね。『脱いだ』」

「柱の真下にかかとをしっかりつけて、柱に沿って背筋を伸ばし、あごを引いて目は真っすぐ前を見る。そして、頭のてっぺんのところで柱に印をつけて、と。ハイ、一四四センチ八ミリだ。家族の人数ははっきり十人と出るけれど、体重や身長の場合は四四と四五の間なんていうのが多いだろう。そこで、四四と四五の間のどこかを知るために、目盛りをつける。四四と四五の間は一だけれど、そこを十に分けるとその一目盛りは〇・一、百に分けるとその一目盛りは〇・〇一、千に分けると……いくつかな？」

「ええと、〇・〇〇一？」

「そうそう、その通り」

「でも、それじゃ、どこまで細かく分けられるの？」

「それは、きりがない。一万にも十万にも分けられる。一ミリを千に分けた一目盛りを一ミクロンと言うんだよ」

「もう目には見えないわねえ。大きい数字は限りがないけれど、小さいほうも果てしないのね。それじゃあ、おじいちゃんに聞くけど、四四はどこから四五になるの？　四四・九九九九九……といつまでも続いて、なかなか四五になれないんじゃない？」

「ずいぶん難しいことになってきたな。おじいちゃんもお手上げじゃ。そういえば、ずうーっと昔、ギリシャにゼノンという人がいてね、『矢は飛ばない』と言ったそうな」

「どうして？」

「一センチを飛ばそうとしたら、先にその半分の〇・五センチを飛ばないといいけない。ところが〇・五センチを飛ぶためには、先にその半分の〇・二五センチを飛ばないとだめ。そのためには、またその半分の〇・一二五センチを飛ばないと……というふうに際限なく続いて、結局、いつまでたっても飛べないというわけだ」

「でも飛んでるじゃない。矢も鳥も、飛行機だって」

「そう、不思議だね。考えている間は全然飛ばないけれど、実際には飛んでるものなあ。本当に不思議だ。だからね、おじいちゃんは、ふとこう思ったりする。世のなかは何もかも皆つながっていて、一しかないんじゃないかって。さっき、家族は一人、二人と別々に数えられると言ったけれど、まったく別々でもないんだ。だって陽子は昭和五十六年六月二十九日生まれだから、その前日までは、まだ一人とは言えなかった。お母さんといっしょだったんだ。でも、〇（ゼロ）ではない」

「小数だったのかな」

「うまく表現したね。そして陽子を産んでくれたお母さんは、富山のおじいちゃんとおばあちゃんから生まれてきたし、そう考えると、やっぱりこの場合も、ずうっとずうっとさかのぼって、切れ目がないんだ。もしもどこかで命の糸が切れていたら、陽子はここにいないと思うよ」

「ああ、なんだかややこしくて、考えられなくなっちゃった」

「あっはっはっは、おじいちゃんもぼうっとしてきたよ。ただ、陽子もおじいちゃんも別々の一人だけれど、小数でつながっているんだ。それを覚えておいてほしい」

「おじいちゃん、どうもありがとうございました」

―J君のこと―

J君のことをクラスのみんなが「クサイ」とか言って、隣の席になっても、机をわざと離したりするので、どうしてだろうと思っていました。

今度の席替えで、私はJ君の隣になりました。すると、「いっしょにくっついたら気持ちが悪いよ」と告げに来る子がいたので、「人の悪口は言わないほうがいいよ」と言って、そのことを先生に見せる日記に書きました。先生からの返事の欄には〝勇気のある言葉です〟と書いてあり、次の日、先生はクラス中に厳しく注意をしました。

それからは、もうだれもJ君をきらったりする子はいません。クサイというのは、ただのうわさだったのです。

Ｊ君の隣の席になったとき、おじいちゃんの小数の話を思い出しました。一人ひとり別々なんだけど、無限に細かい小数のようにつながっていて、本当は切れ目がないかもしれないということでした。

私は、一本の木にたくさんなっているリンゴが心に浮かびました。リンゴ同士は別々のようだけど、同じ種から芽生え、同じ根から養分をもらい、同じ空気や水を吸い、同じ太陽の光を浴びている。形だけが別々で、ほかはほとんど同じなんです。私は自分を嫌ったり憎んだりしたくない。だから、ほかの人に対しても同じでいたいと思うの。

今度は、おじいちゃんに何を教えてもらおうかな。

〝親子の電話〟通じてますか？

「洋子(ひろこ)姉ちゃん、これ読んでえ」

タ一君と優理(ゆり)ちゃんが、『日本昔ばなし』を持ってやって来ました。まかせなさーい。こう見えても本読みは得意なんだから。とても小学五年生とは思えない、なーんて言ってもらった覚えはまだないけれど、切々と感情込めて読んであげっからね。心して聞くのだぞ。

題は、えーと、『大岡(おおおか)さまのおさばき』と言います。では、始まり始まり。

えっ、大岡さまってだれのこと？　さあ、そんなこと聞かれても……。角(かど)っこのお米屋さんかな？　でも、そんなはずはないし。第一、あのおっちゃん、名前は大岡だけど、いつも飛び出たおなかにダブダブのズボンが落ちそうで、とても〝様〟という人物ではない。

えっ、おさばきってなんのこと？　うーん、サバを切ってどうするのかなあ。それとも、おだまき？　かば焼き？　どうも思いつくのは食べ物ばかり。

ちょっ、ちょっと待ちなさい。質問はだめ。ちっとも前へ進まないじゃん。今後、途中の質問は絶対受け付けません。分かった？　はい、それではもう一度、始まり始まり。

昔、大岡さまというおさばきの上手なお侍がいました。あるとき、二人の女の人が一人の子どもを中にはさんで、言い合いをしながらやって来ました。どちらも、自分のほうこそ本当のお母さんだと言い張って聞きません。子どもに尋ねても泣くばかり。そこで大岡さまは、二人に「力ずくで子どもを引っ張り合うように」とおっしゃいました。さっそく二人は、子どもの腕を両方から引き合います。子どもはますます泣き叫びました。と、一人の女の人は涙を流しながら手を離しました。もう一人は勝ったとばかり、子どもを引き寄せました。大岡さまはおっしゃいました。「負けたほうが本当の母親だ。痛がる子どもを、なお引っ張る母親がどこにある。子どもがかわいければ、そんなこと、できるはずがない」

なるほどねえ。分かった？　ター君、優理ちゃん。あれっ、寝てしまったの。さすが本読みの名人、洋子さまにかかったら、わんぱくター君、甘えん坊の優理ちゃんも、あえなく沈没といったところね。それとも、よっぽど遊び疲れていたのかな。

それにしても、この話、なんとなく胸にこたえる。お母さんにしかられたのを思い出すわ。

「洋子、小さい子の世話をしてくれるのはとてもうれしいけれど、あなたのはちょっとべたべたしすぎです。欲しくないおもちゃを無理やり持たせたり、いやがるのをだっこしたり。それでは逆効果。もう少し離れて見てあげたら、自分たちの好きなように楽しく遊ぶんじゃない？　そして、小さい子たちが危なくなったり困ったりしたら、そのときに手を出してあげてほしいの」

するとそばで聞いていたお父さんが、

「そういうのを、センスを磨く（みが）と言うんだよ、洋子。秋には虫が鳴き、春には鳥がさえずるけれど、最初から上手なのではない。仲間たちの音色を聞き分け、自分でもいろいろ試してみて、だんだん美しい声になっていく。鳴いてばかりじゃなく、それ以上にとてもよく耳を澄まして、自分や仲間の音を聞きとっているんだ。洋子が、お母さんからお琴を教えてもらうときも同じだと思うよ。お母さんのお手本をよく聞いて、自分の音やメロディやリズムを合わせていく。それが練習というものだろう。

　お父さんは何事に関しても、センスの良し悪しがあると思う。掃除一つとっても、いっしょにすればその人の人となりが分かる。だから、かわいがるにもセンスがいる。センスは、磨けばだれでもきっと持つことができるはず。やってみてごらん、小さい子どもたちと楽しく遊ぶセンスを磨くこと」

……それなら、私もちょっと聞いてもらいたいことがありますわ、お父さま、お母さま。親たちが子どもを育てるのは、親子の間に心の電話線をつないでいるようなものだと私は思うの。親たちが肌で優しく抱き、時にはたたいてしか

り、言葉で穏（おだ）やかに教え、時には厳しくしつけ、行いで手本を示し、時には失敗して謝り、その間に親子の心の電話機に線が通じて、子どもが大きくなって、たとえ遠く離れても心は温かく通い合う。

ところが、これを怠（おこた）っていると、親子のなかでも話ができなくなる。だって、電話機はあっても、線が通っていないんだもの。話のできるはずがないわ。

ホラ、これまで教会で預かったお兄ちゃんやお姉ちゃんたち、みんな両親と上手に話ができない人が多かったわ。私のお友だちにも、家にいてもおもしろくないと言う子がいるわ。だから、だから、私だってどうなるか分からない。学校では生理の説明も受けたし、体も大人に近づいて、なんだかだんだんと、お父さん、お母さんから離れていく気がする。わけもなくむしゃくしゃしたり、急にすっごく甘えたくなったり。

だから、お父さん、お母さん、私に対するセンスをしっかり磨いて、心の電話線を怠りなく引いておいてね。私はちょっとは磨いたわよ。ほら、ター君と優理ちゃんが自分から本を持ってきて、そして静かに眠ったんだから。ネェ、見直してよ、この洋子さまを。

心のパイプはいつもキレイに

オレ、慶郎(よしろう)です。中学一年生、六人兄弟姉妹(きょうだい)の長男です。なんだか恥ずかしいっス、こんなところに出るの。いやなんだよなあ、ほんとに。でも、出る限りは言いたいこと言わせてもらおう。

だいたい、どこの親でもそうだと思うけれど、世間さまに見せるのは、いい顔ばっかり。内面(うちづら)は汚いところが結構あるんだ。

この前の休みの日、親父(おやじ)が「用事で京都に出かけるので、帰りに遊びに連れていってやる」と言ってオレたちを誘った。ところが、陽子(ようこ)は友だちの誕生会

子どもの主張

に招かれているし、オレと潤子はなんとなく出かける気分になれなかったので断ると、「せっかくの好意を無にする」と言ってカンカンに怒ってやがんの。ふだん、「個性が大事」なんて言っておきながら、いざオレたちが態度をはっきりさせると、あんなふうなんだから、親なんてものは勝手なもんだよ、ったく。

第一、いつも親は子どもに栄養ばかり与えているっていう高ぶった思い込みがあるんじゃないの？　毒だって結構食らわされてるよ、オレたち。友だちにそう言うと、〝だから免疫が備わるんだ、それでいいんだ〟なんて、なかなか悟ったふうなヤツもいるけどね。

そういえば、あいつの家に行ったとき、正直、こりゃあ大変だなあと思ったもんだ。親父さんはいつも酒を飲んで当たり散らしているし、お母さんはガミガミどなりっ放しでパチンコぐるい。そんななかで、弟や妹をかばいながら、あいつ、一生懸命に野球やってる。勉強だって、いつもクラスの上位にいる。オレだったら参ってしまうと思う。親を恨むよ、きっと。

　そう話すと、あいつは、

「オレ、心のパイプはいつもキレイにしておきたいんだ。そうすると、野球だって勉強だって思いきり打ち込める。家族や友だちにも真っすぐ向かっていけるんだ。恨んだりすると、パイプが詰まった感じで、やる気が逆戻りしてきて力が外に出ないよ。

　おまえはそう言うけど、オレの親も結構いいところあるんだぜ。親父は本当は働き者だし、酔ってないときなんか、いろいろ買ってきたりして家族に優しいんだ。母親だって、かなりのインテリだし。ただ、気持ちのコントロールが下手なんだよ。

ま、とにかくオレって、大砲みたいに、何に対してもドカーンと全力を出しきりたいんだ。そのときのいい気持ち、知ってるから。恨みなんかで心の大砲、詰まらせたくないんだ」

そう言うあいつの眼、キラキラしてたなあ。

社会の時間に、第二次世界大戦後の日本が奇跡的な復興を成し遂げたって習ったけど、それはオレたちのおじいちゃんやおばあちゃんが、やっつけられた相手の連合国側を恨まないで、銘々の仕事に全力をぶっつけたからじゃないかナと、あいつの言葉を思い出しながら、ふと考えた。もし、負けた恨みをぐずぐず持ち続けていたら、国内問題なんかもっと紛糾して、進歩発展どころじゃなかったんじゃないかって気がする。

ソ連だってそうだ。せっかく資本主義の矛盾を克服して、理想の社会を求めようと出発した国づくりだったのに、思わぬ迷い道にそれて自己破産を宣告したのは、国民の心のパイプが詰まって、幸せな国づくりにエネルギーを一致集中できなかったからじゃないかな。

おじいちゃんは戦後、ソ連軍にだまされるようにしてシベリアに連れていかれ、二年間、捕虜(ほりょ)生活を送ったそうだ。そこで見たのは、仕事に対しては無気力ともいえるソ連の人たち。日本人捕虜が寒いなか汗を流して働いているとき、彼らはスコップに体をもたせかけ、いつまでもじっとしていたという。つまり、いくら経済や政治の仕組みを変えても、肝心の心の仕組みをそのままにして、骨惜しみの垢(あか)や恨みつらみのゴミで心のパイプが詰まってしまうと、人間は力を存分に発揮できないってことだろう。

それに、おじいちゃんはこんなことも教えてくれた。特にシベリアでは、捕虜は命の保証も何もなかった。発熱しても、少しくらいでは休ませてくれない。そのために亡くなる人が後を絶たなかったが、死んでも裸にされて大きな穴に放り込まれ、カチンコチンの遺体がいっぱいになったら土をかぶせるだけ。そのとき、国のありがたさが身にしみて分かったという。国のなかにいるときはなんとも感じなかったが、その保護を剥奪(はくだつ)されて初めて恩恵の大きさに気づいたそうだ。

おじいちゃんは「家族もいっしょだよ」と言う。そのなかにいるときは文句ばかり言いたくなるが、その守りがなくなったら、どれほどつらいことが直接身に降りかかってくることか。だから、国や家族の頼りになる一員になることだ。他の人を支えたり、守ったり、しかし決して発達や成長を妨げたりしないような一員に。

そういえば、人類は宇宙や地球に支えられ守られているのに、他の生き物を絶滅させたり、環境を破壊したり。これではオレたち、この地球の悪玉だよ。こんなことを続けていると、自然は自己防衛力を発動させて、オレたち人間を滅ぼすかもしれないぜ。最近、体の免疫力を低下させたり、破壊したりする、エイズなんていう今までになかった病気が増えているのは、自然がもうオレたちを守ってくれなくなってきている前兆じゃないかナ。なーんて、オレも柄にもなく学者みたいに深刻ぶって、エヘヘ。

ま、いいや。オレ、家族に守られていること、素直に認めて感謝して、その良き一員になるよう努力する。そして、心の大砲をいつも詰まらせずに、何事にも全力をぶっつけて、いきいきハツラツさわやかに前進だ。

みんな、よろしく頼むぜ！

腹を立てたらほこりもたつよ

「ガオー、ウワオー、ボクはター君じゃないぞ。レッドキングだ。お母さんや優理(ゆり)姉ちゃんなんか、ブッ飛ばすぞ」

ボクはそう叫んで、本を読みながらもう寝ようとしているお母さんと優理姉ちゃんのところにぶつかっていく。

「痛い、何するのよ、この子は」

お母さんのものすごい平手打ちの反撃。

「ウワーン、お母さんがボクをたたいたあ。お母さんと優理のバカ。二人いる

GAAAAAAOHH!!!
たけひと

から〝バカバカコンビ〟だ」

「オムツが取れたと思ったら、もうあんな憎まれ口をたたいて。せっかくお母さんにシンデレラのお話をしてもらっているのに。本当に腹が立つんだから、ネエ、お母さん」

「そうね、このごろター君は、いっそう乱暴になったわね。お母さんも腹が立って、大目に見てあげられないときがあるわ。毅仁！　キミは正義の味方の、強くて優しいウルトラマンじゃなかったの？」

「そうだよ、ボクはM78星雲から来たウルトラマンだ。でも、なぜかときどき怪獣や恐竜になって思いっきり暴れたくなるんだ。この気持ち、お兄ちゃんやお父さんなら分かってくれると思うんだけどなあ。

お兄ちゃんは勉強だし、お父さんはまだ帰ってないし。あーあ、女二人のバカバカコンビを前に、ボクは孤立無援だ。ウルトラマン、たすけに来てよ！」

テレビでほんとの戦車が走るのを何度も見た。そのたびに大人たちが、中国だとかイランだとかソ連だとか、いっぱい国の名前を挙げていた。どうやら世界中で戦車が走り回っているらしい。ところがテレビには、怪獣はもちろん、ウルトラマンだってちっとも映らない。

ボクは不思議でならない。やっつける相手もいないのに、どうして戦車が、世界中のあっちこっちで出動しないといけないのだろう。もしかして戦車に乗っている大人たちも、ボクと同じように、わけが分からないまま無性に暴れたくなるのかな。それとも、お母さんや優理姉ちゃんのように、めっちゃくそ、腹を立てているのかなあ。

〝腹を立てる〟って変な言葉。実際におなかが立つわけでもないのに。でも、当たってるなあ。だって、おなかの中でいつもは寝ている何かがムクムクッと起き上がる感じがする。それから、腹を立てている人を見ていると、その様子がまた、みんないろいろなんだなあ。

お父さんは腹を立てるとムッツリ、シラーッ。何を言っても何を聞いても反応ゼロ。放(ほ)っぽり出された鬼瓦(おにがわら)。

お母さんは、カリカリ、ガミガミ。手が飛ぶ、口が飛ぶ、足が飛ぶ。メッタヤタラの機関銃。ご用心、ご用心。

慶郎(よしろう)兄ちゃんは、ムスッ、ブスッ。メタンガス発生の埋め立てゴミ捨て場。

洋子(ひろこ)姉ちゃんは、プリプリ。すぐ崩れそうな安物のプリン。

陽子（ようこ）姉ちゃんは、ツンツン。ツンドラの立ち枯れ草。

潤子（じゅんこ）姉ちゃんは、ガーガー。壊れた洗濯機、そのうるさいこと。

優理姉ちゃんは、ワーン、ワーン。ひっくり返って、あたりビチャビチャのみそ汁お碗（わん）。

ボク？　ボクはもち、ガオー、ウワオー。怪獣の登場だあ。


お日さまがポカポカあったかい日、慶郎兄ちゃんが、公園でボール遊びをしてくれた。コロコロと地面を転がしてくれる。これならボクでも取ることができる。そして、今度はボクが投げる。まだ力がないから、届かなかったり全然違うほうへ行っちゃったり。

でも、お兄ちゃんはニコニコ笑って拾ってくれて、「毅仁、行くぞ！」と、また転がしてくれる。遊んでいる間じゅう赤ちゃんに戻って、お母さんのまあるいおなかの中で、スッポリ柔らかな膜で受けとめてもらえそうな気持ち。

お兄ちゃん、ありがとう。

「毅仁、楽しかったね。キャッチボールって、ただのボールのやりとりなのに、どうしてこんなに楽しいんだろう。

ボールで遊びながら、優しい心ってどんなことなのか、勉強したように思う。相手が受けやすいように、ボールを投げる。受ける力がない相手なら、転がしてもいいんだ。たとえ投げ返されたのが暴投でも、なんとかキャッチして、また取りやすいように放ってあげる。ター君の相手をしながら、ボクは自分がとても優しい気持ちになっているのを感じた。

暴力というのは暴投と同じで、相手が受けとめられないような言葉や行動を、問答無用とばかりに投げつけることではないか。それに対して腹を立てれば、同じ暴力を繰り返すことになり、いつまでも投げ合いが続くだろう。心を訓練して受け方上手（じょうず）・投げ方上手になれば、たとえ暴投されても、次第に相手の心を和らげることができるかもしれない。ボクがター君にしてあげたように。

そういえば、幼い子どもは大人たちから見下ろされて、いつも一方通行の暴力を繊細（せんさい）な心に感じているのかもしれない。だからター君は、イスやテーブルのように少しでも高いところに上って暴れたいのかな。

心は表情や言葉、態度や行動というボールとなって相手に渡っていくんだから、お互いに心の投げ方・受け方を訓練すれば、家庭や社会はもっともっと楽しくなること、うけあいだ」

喜ぶ心はレモンの香り

お父さんが、ものすごく怖い顔をしてワタシをにらみつけた。あんな恐ろしいお父さんを見たのは、優理、初めて。

幼稚園から帰って、その日まいちゃんにもらった腕時計のおもちゃで遊んでいたら、お父さんが、「それ、どうしたの？」って聞くので、「まいちゃんからもらった」って言ったけど、なかなか信じてくれない。

「勝手に持って帰ってきたんじゃない？」

なんて何度も聞く。〝失礼ね〟って言い返そうかと思ったけれど、お父さんのけんまくがあんまりすごかったので、ただウン、ウンとうなずいていたの。そうしたら、その腕時計を取り上げて、お母さんに何か話をした。もちろん、優理はお父さんの横暴に泣いて抗議したけれど、ゼーンゼン取り合ってくれない。ほんとに悔しかった。

次の日、お母さんは幼稚園にワタシを送っていって、先生に、本当かどうか確かめてくださいとお願いした。まいちゃんは先生に、

「優理ちゃんにあげたのよ」

と、はっきり証言してくれた。しっかりしてるんだから、あの子は。ワタシがお友だちに選ぶくらいだもの。幼稚園が終わって、迎えに来てくれたお母さんは、先生から確かな返事をもらい、お礼を言った。

その夜、お父さんはお母さんからそのことを聞いたのだと思う。朝になって、

「優理、疑ってごめんね。でも、大事なことだから放っておけなかったんだ。ところで、それなら優理もまいちゃんに何かあげたほうがいいなあ。腕時計をもらって、とてもうれしかっただろう。その気持ちを、まいちゃんに分けてあげなければ、ネ」

と言った。

そんなものかしらと思いながら、ワタシは秘密の引き出しから、きれいな模様のヨーヨーを取り出してお父さんに渡した。

「これは優理の一番大事なものかな?」

「ウーン、二番目に大事なものよ」

「一番大事なものをあげるか、ヨーヨーにもう一つオマケを付けるか、どっちかにしよう」

「ハイハイ、お父さんの言う通りにすればいいんでしょ（めんどうなことばっかり言うんだから……）」

どっちにしようかと考えた結果、お菓子屋さんでもらった、ちっちゃなお人形をオマケにすることに決めた。だって、一番大事なお化粧セットは、どうしても手元に置いておきたかったもの。

月曜日。まいちゃんにこの前のお礼を言って、ヨーヨーと人形をあげると、まいちゃん、すっごく喜んでくれた。バッグにしまってからも、何度ものぞいたりさわったりしていた。あんなに喜んでくれるんだったら、お化粧セットをあげてもよかったかなと思ったわ。もらうのもうれしいけれど、あげるのも、けっこういいもんだわね。

おばあちゃんが、お友だちのスエ子ばあちゃんのお見舞いに病院へ行くと言うので、おねだりをして連れていってもらった。新しいきれいな病院だけど、中に入ったとたんに変なにおいがした。

面会室で待っていると、スエ子ばあちゃんが歩行器につかまってやって来た。まだだいぶ離れているのに、ワタシたちのほうに大きな声であいさつをして、周りのみんなが振り向いた。スエ子ばあちゃんは、そんなことおかまいなし。部屋のおふとんにつまずいて転んで足の骨を折り、〝あんな痛いことは生まれて初めてだった〟こと、救急車に乗せられサイレン入りで運ばれて、〝あんなぎょうぎょうしいことは生まれて初めてだった〟こと、ベッドに寝たままで、おしっこも看護師さんに取ってもらい、〝あんな恥ずかしかったのは生まれて初めてだった〟こと、それからえーっと、とにかく〝生まれて初めてだった〟

ことを次々とワタシたちにしゃべった。

優理、一度にあんなにたくさんのお話を聞いたのは、生まれて初めてだった。やっと「お大事に」と言って、優理と病院の外に出たとき、フーッとながーいため息をついたから、おばあちゃんもかなり辛抱(しんぼう)していたんだわ、きっと。

おうちに着いたときにはもう暗くなっていて、すぐおばあちゃんとお風呂に入った。

「優理ちゃん、今日はおとなしくしてくれていたし、約束通り、途中であれ買って、とおねだりもしなかったし、おばあちゃん、感心したわ」

「本当は何か欲しかったんだけど、それより早く帰りたかったの。病院のにおいって、優理、あんまり好きじゃないって分かったわ」

「あのにおいはね、後ろに戻ろうとするにおいだとおばあちゃんは思う。優理ちゃんは、いつもこれからのことを考えているでしょう。夕ごはんはどんなおかずかなあ、今日のテレビは何かなあ、明日は幼稚園で何して遊ぼうかなあって。それはねえ、お湯に浮かんでいる、このレモンのようにさわやかな香りよ。ところがスエ子ばあちゃんは、ケガをした前の日に戻ろうとして、手術やリハビリや、それこそ生まれて初めてのことをいろいろ頑張っている。それは注射やお薬や、あの変なにおいよ。スエ子ばあちゃんはもうすぐ元に戻るけれど、もっと長くかかる人もいるし、とうとう元に戻れない人もいる」

「かわいそう」

「おばあちゃんも、首の骨がずれて入院もしたし、手術もしたので分かるんだけれど、病院のなかはお水さえも薬のにおいがして、退院するとレモンの香り

がしたわ。それからはいつも、ありがたい、ありがたいと思ってレモンのお水を楽しんでいるの」

「ほんとう?」

「うそじゃないわ。優理ちゃんは、おばあちゃんよりずっとずっと若いから、何でもかんでもレモンの香りいっぱいよ。一番大事なものでも、どんどんあげちゃいなさい。あげればあげるほど、優理ちゃんが一番さわやかになること、ぜったいよ」

みんなでほめ合って

カールさんがホームステイで初めて私の家にやって来た日、潤子はびっくりした。だって、クマみたいに体が大きくて、黒かったんだもん。

大人の紹介のあと、子どもたちが一列に並んで一人ずつ名前を言って頭を下げると、人数に驚いた様子で、両手を広げ、「ウワーオ」と叫んだ。だんだん慣れてきたター君と優理ちゃんがイスの上に立って、後ろからフワフワの短い髪の毛をさわりだした。お父さんが二人をしかろうとすると、

「いいです、いいです」

と、されるがままにニコニコしていたので、〝子ども好きな優しいおじさんだなあ〟と、それから潤子もカールさんがいっぺんに好きになった。

あくる日、学校から帰ると、お父さんが街を案内するというので、カールさんにいっしょについていった。最初に案内したのは、家のすぐ前にある潤子たちが通っている小学校。運動場に行くと、高学年の人たちが体操をしていた。

「ベリー・スモール」

と言ったので、どういう意味なのかお父さんに聞くと、子どもたちも運動場もとても小さいということだった。そう言うのも無理ないと思った。街のなかで家やビルに囲まれて、本当に小さい学校なんだから。それにカールさん自身が大きいもの。スリッパだって、指がぜーんぜん入らないので、お母さんが「デパートで探してくる」と言ってた。

Mr. JUNKO

それから駅とか商店街、市場、高速道路の近くを回って帰った。道端に自動車を止めていると、アメリカの都会では、すぐになくなってしまうとか、お店の前に服や本を並べていても、よく盗られないものだと感心したり。よっぽど用心が悪いのかなあ。

カールさんは、おじさんと呼ぶほうがいいくらいの年なんだけど、仕事をやめて大学に入ったんだって。もうすぐ卒業して、また別の大学に入って勉強を続けると言っている。〝世のなかに勉強がなければ、どんなに楽しいかなあ〟と夢にまで見る潤子としては、信じられなーい。

「どうして、そんなに勉強がしたいの?」

って、お父さんに尋ねてもらったら、肌の色の違いや住んでいる場所によって、仕事やお給料に差があるので、勉強して大学を出ないとチャンスが少ないんだって。アメリカって、たいへんだなあ。

潤子はいま、学校で九九を習っているんだけれど、班ごとに九九を言う競争のとき、潤子の班はビリになった。「潤子の言い方が悪かったからだ」と班のみんなが怒った。「ゴメンネ」って謝ったけれど、だれも許してくれないし、長い間話もしてくれなかった。

〝どうしたらいいの？〟と思って、陽子姉ちゃんや洋子姉ちゃんに聞くと、

「気にしないで、ほかの子たちと遊ぶようにして、辛抱強く仲良くなれるのを待つこと。ただし、九九をしっかり覚えなさい」

って。それで、ちょっと安心して言われた通りにしていたら、やがて席替えがあって、本当に気にしなくてもよくなった。すると、前の班のお友だちとも、

また遊べるようになった。最初に潤子に怒った女の子だけは、まだ仲良くしてくれないけれど。でも、その子はいつも何か偉そうにしていて、みんなからもあまり好かれていないみたい。

そんなある日、先生がこんな話をしてくれた。

「みんな、仲良くしましょうね。そのためには、偉そうにしないことも一つよ。算数の得意な人もいれば、国語のよくできる人もいるし、勉強が苦手でも、体操やお手伝いが好きな人もいるし、偉いとか偉くないとかは、簡単に比べられません。それなのに、自分だけ偉いんだと心を高くして、高慢になると、高い山の頂上のように、周りからは目立つかもしれないけれど、寒くて草も生えず、だれも近寄ってこないようになってしまいます。もし、そんな寂しい人がクラスにいると、先生はとても悲しくて、いっしょに勉強する元気もなくなります。みんながそれぞれの良いところをほめ合って、花も虫もたくさん集まってくる、山のふもとのお花畑みたいなクラスにしましょうね」

って。

いつの間にか三カ月が過ぎて、カールさんがアメリカに帰る日、みんなで飛行場へ見送りに行った。太い腕で一人ずつ抱き上げて、大きな手で握手してくれた。みんな泣いた。カールさんの丸い優しい目にも涙がいっぱい。

「さようなら、カールさん、さようなら。アメリカでも、日本でも、みんなが良いところをほめ合って仲良くできますように」

うそは心を曇らせる

学校の帰り道、友だちとけんかをしてしまった。陽子は、そんなことはめったにないんだけれど、今日はなんだか、がまんができなかったんだ。だって、もう一カ月近くになると思う、その子のおうちへ行く約束をしてから……。

「ファミコンの一番新しいゲームを買ったからおいでよ」

と誘われて、そのあくる日行こうとしたら、その日は具合が悪いから「次にして」と言われ、二、三日たって「今日は？」って聞いたら、また先に延ばされて、それから何度も何度も同じ返事。

だから、もうやめておこうかなあと思ったんだけれど、校門を出るとき偶然いっしょになったので、つい、「行ってもいい？」って声をかけると、

「うーん、あのね、あのう……」

なんて煮えきらない答えを聞いているうちに、頭が熱くなってきて、

「もういいわ、いいかげんにしてよ」

とかなんとかムチャクチャ言って、後ろも見ずに飛んで帰ってきた。

友だちにも腹が立つし、あんなことを言った自分にも腹が立つし、気持ちがピンポン球みたいに行ったり来たり、打ってははね返ってくる。


電話が鳴った。受話器を取ると、いきなり怒った声が耳に飛びこんできた。

お父さんに代わると、お父さんは電話に向かってぺこぺこ頭を下げながら、

しきりに謝っている。きっとTさんのことだ。また人をだましてお金を借りたのかな。

お父さんがせっかく仕事を世話してあげても、慣れたころになると、取引先で知り合った人のところに行って、

「いま、そこで軽い交通事故を起こして、話し合いで解決しようと思うんだけれど、一万円だけ足りないので貸してください」

なんてことを言って、あちこちからお金をだまし取って、どこかへ行ってしまう。すっからかんになると、またどこからか電話をかけてきて、お父さんにお願いしに来る。

「Tさんみたいに、何から何までうそをつく人は、たすけようにもたすけられない。泥沼のなかに立っているようで、どこを足場にして踏ん張って起こして

あげればいいのか分からない。うその泥沼を、真実で根気よく埋めていくしかないのかなあ……」

「そうねえ。でも、Tさんだって生まれたときからうそつきだったわけではなくて、育つ間にそうならざるを得なかった事情があったのかもしれない。そう思うと、かわいそうだわ」

ため息をつきながら、お父さんとお母さんが話し込んでいた。


「陽子、起きる時間だぞ」

お父さんの声で目が覚めた。いつもはお母さんが起こしてくれるのに、どうしたんだろう。

「お母さんは?」

「風邪(かぜ)をひいたらしい。寝かせておいてあげよう」

「えっ、お母さん、起きられないの？」

すぐに、隣の部屋に飛びこんだ。お母さんのおふとんが盛り上がっている。

「お母さん、どうしたの？」

「ちょっと熱があるの。おばあちゃんのお手伝いをしっかり頼むわよ。ほらほら、早く着替えないと陽子も風邪をひいてしまう」

寝ぼすけの慶郎(よしろう)兄ちゃんまで、みんなぞろぞろお母さんの枕もとに行って、また押し出されるように部屋から出てきた。

朝ごはんの支度(したく)をみんなでお手伝いしながら、おばあちゃんからいろいろとお話をしてもらった。

――おばあちゃんは若いとき体が弱く、お父さんや光男(みつお)おじさんを産むのにもたいへんだった。なんとか寝ていなくてすむようになっても、バケツの水が運べず、おじいちゃんがいつもお手伝いをしてくれた。二人が心を合わせて、神さまの教えを実行する努力を続けたら、だんだん丈夫になって、八十歳のいまもこんなに元気。だから、健康なお母さんがお嫁さんに来てくれて、どんなにうれしく思っていることか――

「お母さんは、おうちのなかの太陽よ。毎朝変わることなくみんなを明るく照らしてくれる。正直と真実の太陽。だから安心して学校にも行けるでしょう。今日は、たまのお休み。ゆっくり寝かせてあげましょう。さあさあ、学校が始まる。行ってらっしゃい」

そうか、お母さんはおうちのなかの太陽か。だから今日は、なんとなくどんより曇った感じで、気持ちが晴れないいんだ。

そういえば、カナちゃんのお母さん、今日はどうだったのかなあ。腎臓が悪くて、いつも体が重たそう。朝、目が覚めたら、一番にお母さんの顔を見に行くと言っていた。お母さんがニコニコしていたら、それだけでお日さまに照らされるように暖かくなるって。

そうだ、昨日の友だちも、おうちに来てほしくないことが起きていたのかもしれない。自分のことばかり考えて、陽子、悪い子だったわ。一番に謝ろう。そして、ゆっくり話し合ってみよう。

ついしょう言うとラクダが転ぶ!?

今夜は、お父さんもお母さんも神さまの御用で帰りが遅くなるので、子どもたちだけで先に寝ておくように言われた。慶郎（よしろう）兄ちゃんはほかの部屋で寝るので、特に洋子（ひろこ）が責任を持つように仰せつかったわけ。それだけ頼られているのよね、エヘン。

ところが、この頼られるというのは、なかなか大変なのよ。

先週の土曜日だったわ。夕ごはんの支度（したく）のとき、ター君が台所でじゃまをするので、洋子が遊んであげるようにママゴンから厳命が下った。時間と駆けっこしているママゴンの声は一オクターブ上がっていて、そういうときに、ちょっとでも逆らおうものなら、どういうことになるか、十一年間の人生経験で身にしみて分かっているわ。だから、「ハアーイ」と気軽に返事をしておいた。

初めはいっしょに怪獣(かいじゅう)ごっこなんかしていたんだけれど、私もスーパーレディーじゃない。疲れたから『アンパンマン』のビデオを見ることにした。これがなかなかおもしろいのよ。バイキンマンにやっつけられそうになるアンパンマンに、いつしか、学校でも家でも何かとやりだまにあげられる私が二重映しになって、

「そこでくじけちゃだめだ。歯をくいしばって、バイキンマンなんか、バキーンとやっつけちゃえ」

なんて、思わず叫んだりして。

「お姉ちゃん、ごはんよ」

と陽子に呼ばれて、ハッと我に返ると、横にいるはずのター君がいない。慌てて捜し回ったけれど、見つからない。まさか一人で外に出ていったんじゃないだろうなあ。もし、そうだったら……。

自動車にひかれるター君が目に浮かんで、ゾーッとした。陽子と外に行こうとしたら、お風呂場のほうで音が聞こえたので、飛んでいってみると、アア、見つかった、ター君。

「何よ、それー?」

駆けつけてきたみんなが、一度に叫んだ。

お風呂場の鏡の前で、ター君が女性用のカミソリを持っていて、頭はてっぺんを頂点に、ちょうど二等辺三角形にツルツルに剃り落とされていた。お侍みたい。

おじいちゃん、おばあちゃんをはじめ、十人以上のみんなに見つめられたター君は、やっと気がついたように、ふいに大きな声で泣きだした。抱き上げて、ケガがないかどうか確かめるお母さん。頭の後ろがちょっと縦に切れている。みんなワイワイ言いながら手当てをした。

男性用かつらのコマーシャルを真似したのだろうか。耳や顔を切らずにすんで本当に良かった。安心したあとは、みんなで大笑い。さわってみると、剃ったところはまったくテカテカ。ふさふさ残った髪と黒白の対照。ター君は一躍、喜劇俳優になった。そして私は、お母さんの注意がター君のほうにそれて、正直ホッとした。ごめんなさい。すみません。深く反省しています。

そんなわけで、頼られるとか任されるというのは、ほんと気をつかうのよ。つらいわあ、長女って。

「さあ、いつまで騒いでいるのよ。何時だと思っているの、もう寝るわよ。学校の用意はした？　歯磨（はみが）きはすんだ？

　さっさとパジャマに着替えて。陽子、優理（ゆり）の着替えを見てあげて。ター君は私が着替えさせてあげる。

　こんなに世話をしてあげているんだから、みんな、ちょっとは洋子お姉さまに、おついしょうぐらい言ったらどう？　お菓子をくれてもいいのよ」

「それは違うと思うよ。ねえ、陽子お姉ちゃん」

と潤子（じゅんこ）が同意を求める。

「そうよ。お父さんが言ってたじゃない。ついしょうやおせじをヘラヘラ、チャラチャラ言わなければ続かないような人間関係は〝ダラク〟だ。それで悪いことはできても、良いことは生み出せないって」

「言ってくれるじゃない。だいたいダラクって、どういうことか分かって言っているの？」

「もちよ。えーっと、ラクダがひっくり返って、こぶがつぶれて役に立たなくなること。つまり、ろくでもないことよ。ねえ、潤子」

「う、うん。たぶんね」

「なんというこじつけ。分かったわ。この件に関しては、お姉ちゃんが悪かったわ」

と、すぐに過ちを認める、このかんろく。

さあ、とにかく早く寝かさなくては。

ところが、今度はみんなの寝る場所を決めるのにもめてしまう。みんなが真んなかに寝たがるからだ。端っこは怖いと、四年生の陽子でさえ真顔で言う。私もやっぱり怖いけれど、そんなことは言ってられない。なんせ、やせてもかれても長女なんだから。

二段ベッドの下の部分を三つひっつけて、両端の柵(さく)だけ残してあるのが、私たちの特製豪華ベッド。陽子を壁際の端に寝かせ、潤子、優理、ター君、そして私が、もう一方の端に陣取る。これ以上、文句は言わせません。

それにしても、みんなすっごく怖がり。

お父さん、お母さんがいないときは、空気までもが怖い。気味の悪い手が、ぬーっと伸びてきそうで。

Z

だから、お母さんたちにお願い。ちっちゃな子どもを決して一人で放り出さないでね、心の温かいふところから。

「あれ、洋子姉ちゃん、もう寝たよ」

「単純ねえ。まあいいじゃない。一番うるさいのが先に沈没したんだから。これで、ゆっくり寝られるわ」

〝言い分〟1992

時に自分を見つめてみよう

中学二年生になって初めての参観日だ。都合によっては、おじいちゃんやお父さんが来てくれるときもあるけど、今日は久しぶりにお母さんが来てくれた。得意な理科の授業だったから、張りきって発表したら、オッカサンは喜んで、夕食のときにみんなの前でほめてくれた。

「班ごとに分かれて、先生の質問に対して相談したり答えたりするんだけど、慶郎(よしろう)の班はなかなか良かったわ。チームワークがとれていたし、慶郎も積極的にハキハキ答えていたわね。ちょっと見直したわ」

こんなに喜んでくれるなんて、親孝行の味も悪くないなと思っていたら、

「やっぱり、お父さんの子だな」

「いやいや、このおじいちゃんがしょっちゅう勉強を見てやっているからだ」

「いえいえ、おばあちゃんが朝となく夜となく〝がんばりや〟とハッパをかけ、声をかけ……」

「ツバもかけているからやね」

「なんですか、潤子(じゅんこ)は。人の話をちゃかして」

「それより、そんなに積極的にできるんだったら、掃除や皿洗いのお手伝いを積極的にしてほしいと洋子(ひろこ)は思いまーす」

「優理(ゆり)は、えーと、なんて言おうかなあ」

「慶郎兄ちゃん、ター君のこのウルトラ光線を受けてみよ、ビビビー」

446

「あっ、湯飲みがひっくり返った。こらっ、毅仁！　ふきん、ふきん」
あーあ、せっかくいい気分になりかけていたのに、うちはすぐこれだ。人数が多いうえに、だれもかれも言いたいほうだい。じっくり話し合うなんて、夢のまた夢か。ところで、ごはん、何杯目だったかな。

科学クラブの友だちにすすめられて、エジソンの伝記を読んだ。白熱電灯を発明した人というくらいは知っていたが、ほかにも蓄音機や映写機など、発明で取った特許の数が千件以上もあるなんて初耳だ。ところが、天才と言われている彼は、なんと小学生のとき先生に見捨てられ、たった三カ月で退学しているのだ。２＋２がどうして４になるのか、しつこく質問したり、テストの時間に汽船のことに夢中になったり。とにかく好奇心がいっぱいで、いったん疑問を持ち始めると止まらない。

　しかし、ナンシーお母さんは、そんな彼をおおらかに包み込み、しかもその好奇心を上手に引き出して、一年後にはシェークスピアやニュートンの本を読むまでに育てたというから驚く。

「もし、母がほかのタイプの人だったら、悪くなっていただろう。母の力強いパワーが、正しい道に引き止めたのだ」

とエジソンは言っている。


　地下室で科学実験に我を忘れたり、そうかと思えば、費用をひねり出すのに町へ野菜を売りに行ったり、鉄道会社にかけあって、まだこの時代には珍しい汽車のなかで新聞やお菓子を売ったりと、すっごく自由なんだなあ。

それに比べて、いまのボクらは家庭でも学校でも街のなかでも、監視されたり強制されたり、息がつまるよ。ねえ、お父さん、どう思う?

そうだな、確かにお父さんの時代と比べても、君たちには安全な道や空き地は少ないし、時間的なゆとりも乏しいし、家族や友だちと遊び、語り合うなんてことも少なくなっているね。

先日、相談に来た中学生の女の子たちは、寝るのは朝方の三時で、八時に起きて、食事もしないで学校に行くと言っていた。親と顔を合わすこともあまりないみたいだ。砂漠よりも過酷な境遇に、子どもたちは逃げようもなく取り囲まれているというのが、そのときの正直な感想だよ。

おじいちゃんたちの幼かったころは、伝統的な慣習や制度が、社会や家庭の枠組みとして息づいていて、窮屈な代わりに、それに従っていれば割と安らかに守られていた。いわば、電車に乗っているような気楽さがあったと思う。

だが現代は、次々にそういう壁を壊しているので、義理付き合いの堅苦しさは少なくなった。その代わり、守ることも進むことも自分でするしかない。つまり、自動車を自ら運転するような緊張の連続だ。ストレス、ストレスと騒がれるのも無理ないと思うよ。

遠くを見やるとか、耳をそばだてるということを、あまりしなくなったね。でも、人間というのはずいぶん遠くからやって来たし、また、これからも遠くへ行くんだよ。宇宙の始まりは百五十億年も前のことだというし、分子や原子の小さな世界も果てしない。そういう無限の長さや広さのなかで、自分を見つめる姿が、祈るということだと思う。

親たちに祈りがなくなったから、世の波に流されるままに、子どもの盾になってやれなかったり、反対に、子どもの壁になって苦しめていたりすることが、どれほど多いだろうか。お父さんは、祈り続けることで自分を磨き、少しずつでも真実に近づきたいと念じている。慶郎が仲間になってくれる日を楽しみにしているよ。

そう期待されると、また重いんだよな。ま、方向を指し示してくれるのは、ありがたいけれど。

またいっしょに川べりを歩いたり、夜空を見上げたりしたいね。近眼を治すためにも、遠くを見つめたり、また、かすかな音に耳を澄ましたりしてみるよ、お父さん。

幸せの地図もってますか?

「ター君、手を洗ったの?」

あっ、また優理(ゆり)姉ちゃんだ。うるさいなあ。さっき、かばんを教室の壁にかけたかどうか見に来たところなのに。

今年からボクが幼稚園に入ることになったとき、お母さんが、

「優理ちゃんは年中組さんだから、毅仁(たけひと)をときどき見てやってね」

と言ったのがいけなかったんだ。何かというと、さくら組までやって来て、おせっかいを焼く。

「お姉ちゃんは年上のおよめさんみたいね」

と、先生にひやかされてしまったじゃないか。

この前なんか、お昼をちゃんと食べたかどうか見に来て、足をバタバタしているから、ボクが「どうしたの?」と聞くと、「おしっこ」と叫んで走っていった。どこが年上のおよめさんやねん。それ以来、友だちのマー君やかず君が足をバタバタさせながら、「ター君、おしっこ」なんて、からかってくる。困るよ、ボク。男の付き合いができないじゃないか。

今日、さくら組では一休さんの紙芝居があったんだ。まんまる頭の一休さん。ボクの頭もよく似た形をしているから、一休さんがまるでお兄ちゃんのように思えたよ。

「このはしわたるべからず」

たけひと
さくら
ぐみ

という立て札を見ても、橋のはしっこを通らないで真ん中を堂々と歩いたり、

「二つに割ったおまんじゅうの、どちらがおいしかったか？」

と聞かれて、両手をたたき合わせて、

「どちらがよく鳴りましたか？」

と答えたり、それから、

「びょうぶに描いてあるトラを捕まえてくれ」

と頼まれて、縄を用意してもらってから、

「この縄で縛りますから、早く外へ追い出してください」

と反対に注文をつけたり。一休さんって、小さいのに、なんてとんちが上手なんだろう。


ボクが特におもしろかったのは、偉そうにしている大人の人たちをやりこめ

るところだ。トラの話なんか、将軍さまが相手なんだから、どうなることかとハラハラしたよ。でも、さすが将軍さまだね。負けたと分かると、いさぎよく降参して、一休さんにいろいろなほうびをあげているんだ。お母さん、とても楽しかったよ、一休さんの話。

よかったわね。お話を聞いて楽しいと思えるのは、とても幸せなことだと思うわ。だって楽しく生きるために、この世と命はつくられたのだけれど、何を楽しいと感じるかは、みんな同じとは限らないものね。不幸にも、物を盗(と)ったり、人を傷つけたりすることを楽しいと思う場合もあるかもしれない。それは、小さいころの周りの様子が、一番大きな原因じゃないかしら。

なかでも、お父さんとお母さんの間柄は大切。外はいくら晴れていても家のなかがすさんでいれば、子どもたちは嵐(あらし)を恐れながら暮らしているようなもの。逆に、外の天気が嵐でも、内が和(なご)やかだったら、子どもたちはのびのび育つ。

〃地と天というこの世界をかたどって夫婦をこしらえた〃と、私たちの教えで学ぶものね。

屋根の下がいつも雨風の吹きさらしだったら、子どもは生きていてもみんなに喜ばれていないと思い込んで、なんでも悪く受け取り、しまいにはみんなを困らせることを楽しく思うようになるかもね。お母さんも、さわやかな日ばかりと自信を持って言えないのが、つらいところなんだけれど……。ごめんね、精いっぱい努力はしているのよ。

もし、お父さんとお母さんがけんかをして、

「どっちが悪い？」

と聞かれたら、ボクは一休さんのように両手をたたき合わせて、

「どっちの手の音が悪い？」

って答えるよ。


そうね、子どもにとって、お父さんとお母さんは別々の人じゃなくて、二人で一人だものね。

ところで、本当の一休さんは、とんちだけの人ではなかったのよ。もともと、とても地位の高い人の子どもだったの。けれど、お父さんの顔を知らなくて、五歳のときにお母さんとも別れて、京都の安国寺（あんこくじ）というお寺へ小僧さんとして修行に入ったんだって。そこで、とんちのうまい小僧さんとして有名になった

そうよ。

　ほかのお坊さんたちが、自分だけ楽に暮らすことばかり願っていることを悲しく思い、貧しい人たちの味方になって、世の中を少しでも明るく幸せにしたいと旅して回ったの。子どものように物事にとらわれない心で、どの人からも慕われ、八十七歳まで長生きしたのよ。

　お父さんの顔を知らず、お母さんとも早くに別れたのに、一休さんが立派な生き方をされたのは、きっと五歳までにお母さんが温かい印象を残して、いつまでも心のなかで守ってあげたからでしょうね。

一休さんが二十歳のころ、思いあまって死のうとしたとき、お母さんが心配して遣わした乳母がちょうど間に合って、たすけられたこともあったらしいの。

一休さんが本を読んだり、少しも身を飾らずに人々をたすけて回ったりして修行に励んだのは、きっと、この広い世界で、深い人生の旅をするのに確かな地図が欲しかったんだと思う。

私たちには、教祖が教えてくださり、そのうえおじいちゃんやおばあちゃんをはじめ、たくさんの人たちが実地に通った地図があるから、それをしっかり学びながら歩いていこうね。

はい、分かりました。ボクはまだ一人で幼稚園にも行けないものね。でも、とりあえず言っておいてね、優理姉ちゃんに。もうボクは、一人でも大丈夫だって。

おつとめは親神様の〃電話番号〃

「早く、早く、優理(ゆり)と毅仁(たけひと)。おじいちゃんが玄関で待ってくださっているわ。幼稚園に遅れるわよ。靴下(くつした)は？　ハンカチは？　えっ、まだ？　何してるのよ。早く、早く」

「また、お母さんの〃早く、早く〃が始まった。早く起きて、早くごはんを食べて、早く幼稚園に行って、早く片づけて、早く寝て。お母さんのお望みは、優理たちがビデオの早送りみたいにシャカシャカって動くことなんだ。いいわ、やってみましょう。その代わり、一日が早く過ぎて、お母さんもあっという間におばあちゃんになりますよ」

「へえー、優理もなかなか隅に置けないなあ」

「隅どころか、真ん中でスポットライトですよ、おじいちゃん。昨日もね、夕づとめのあと、集まった若い人たちがカラオケで歌っているとき、優理が急にしくしく泣きだしたので、みんな驚いてシーンとなって。そのわけを聞いてみると……」

「だって、チャゲアス（CHAGE and ASUKA）の『SAY YES』をあんなふうに歌うんだもの。歌がかわいそうと思ったら、涙が出てきたの」

「それを聞いて、みんなで大笑いになったんです。ただ、歌った孝行君はショックを受けたみたいで。だいぶ慰めたんですよ、後遺症が残らないように」

「アッハッハッハ、そんなことがあったのか。大丈夫だよ。それしきのことでこたえる子じゃない、あやつは」

「そういえば、あとでまた歌ってたようです。みんなにヤイヤイ言われながら」

「おじいちゃん、早く早く。ター君が一人で行ってしまう」

「おっ、ごめんごめん。今度はせかされるはめになってしまった。

さあ行こう。二人ともおじいちゃんの手を離さないようにな。ところで優理ちゃん、カラオケもいいけれど、おつとめも楽しいぞ。姿勢を整えて美しい声で『みかぐらうた』を歌いながら、男鳴物、女鳴物に合わせ、時には体全体をやわらかく、時には力強く動かして、てをどりを踊る。みんなの仲良く暮らしている様子を親神様に見ていただく〝陽気ぐらし賛歌〟と言えるかな」

「でも、親神様って目に見えないから、優理、はっきり分からない」

「親神様が見えないのには理由があるんだよ。ヒントをあげよう。親神様のおはたらき、お仕事を考えるといいんだよ」

「『こどもおぢばがえり』で習った『アチコチ体操』の歌にあったわ。『〽親神様のおはたらき　おはたらきってどこにある　おなかの中に指先に　からだアチコチかけめぐる……』」

「そうそう、よく覚えていたね。外の世界ではお日さまの光と熱、雨や海の水、空気。体のなかではぬくみ、心臓から送り出される赤い血、眠っているときも休まない息。みんな親神様のおはたらきだ。おじいちゃんは優理ちゃんの体のなかに溶け込めないし、二人をこうして幼稚園に連れていくと、ほかの人のお世話はできない。でも親神様は、体のなかに入って足を動かしたり食べたものを消化したり、それも優理ちゃんだけでなく、世界中のあらゆる人や生き物の面倒を見なくてはならない」

「そうか。火・水・風のどれも形がなくて、どこにでも出入りできるものね」

「だから親神様は、見えないから分からないのではなくて、見えないからこそ万物の守り神さまなんだよ。

それにね、親神様とお話だってできるんだぞ」

「ゲッ」

「なんだよ、そのゲッていうの」

「優理のくちぐせなの」

「ゲッ、けったいな子。優理ちゃんは、遠くに離れていてお母さんと話したいとき、どうする？」

「電話をかける」

「そうだね、それには電話番号を知っておかなくては。おつとめは、親神様につながる電話番号のようなものだ。このおつとめのおかげで、おじいちゃんとおばあちゃんはどれだけたすけてもらったことか。そして、どれだけ多くの人がたすかったか。親神様とお話しするとどんなに愉快か、教えてあげたいな。

アメリカにヘレン・ケラーという女の人がいた。一歳半のころに病気がもとで、突然目も見えず耳も聞こえなくなり、だから声の出し方も知らなかった。何も聞こえない真っ暗な世界に住んで、毎日のようにかんしゃくを起こしていた。

ところが七歳になるころ、サリバンという若い女の先生がやって来た。この人も不幸な身の上だったけれど、まるでやんちゃな猿のようなヘレンに、心を通わせようと付きっきりでお世話をした。

あるとき、井戸の水をヘレンの手にかけながら、もう一方の手に『WATER』と何度も何度も書いた。冷たい水と手のひらにしるされる文字。一瞬、ヘレンの顔から、宇宙の果てまで届くような光が輝いた。ヘレンは初めて、ものに一つひとつ名前があるということが分かった。闇一色の世界に、言葉の光がさして、ものの区別が浮き上がってきたんだ。どれほどの喜びだったろうなあ。

思案の闇に迷い込んだとき、おつとめをして親神様とお話ができたら、行くべき道が鮮やかに照らし出されて、どんなにうれしく頼もしいことか。おつとめの楽しさを、みんなに知ってほしいなあ」

「いやだあ、おじいちゃん、幼稚園を過ぎてしまうところよ。でも分かったわ、おじいちゃんの熱いメッセージ、優理は〝SAY YES〟よ」

知らなきゃ損する朝の値打ち

「潤子ちゃん、おばあちゃんの洗うお茶碗を、このふきんで拭いてくれる？」

「うーん、ちょうどいま、見たいテレビがあるんだけれど……」

「あら、それはたいへん。じゃあ、大急ぎの十秒で食器をみんな洗うわ。かわいい潤子ちゃんの大事なテレビのためだもの、お茶碗の二つや三つ、割れたって、どうってことないわ」

「そ、そんな、分かったわ、大事なおばあちゃんのためにお手伝いをします」

「まあ、ありがとう。さすがは潤子ちゃん。おばあちゃん、うれしいわあ。親神様、教祖（おやさま）、祖霊様（みたま）、こんなに素直な潤子ちゃんをありがとうございます」

「またまた、おばあちゃんはおだてるのが上手（じょうず）なんだから」

「おだてて言っているのではないの。比べたら悪いけど、昨日までいた女の子たちには、初め、おばあちゃんもあきれてしまったわ。起こさなければ昼まで寝ているし、ごはんも勝手な時間に食べるし、夜は夜でいつまでも帰ってこないし、いったいどうなっているのかと気が気じゃなかったのよ。子どもというのは畑と同じで、放っておけば野放図（のほうず）に雑草が伸びるということを、あらためて感じたわ」

「中二の四人のお姉ちゃんたちのことね。家出をしてきたから、お父さんが家族の人や学校の先生と相談して教会に預かって、ちょうど一カ月かな。教会に慣れて、心や態度がだいぶ落ち着いてきたから、おうちに返すことにしたって、お父さんが言ってた。潤子たちには優しいお姉ちゃんだったのよ。いっしょに遊んだり、だんだんお手伝いもするようになったし」

「いまは大人も子どもも折り目やけじめがなくなって、何事にせよ、だらしなく感じるのは、明治生まれのおばあちゃんの見方かしらねえ。ファジーとか言って微妙な調節を生かすことで、便利になった面も確かにあるでしょう。でも、そういうあいまいなところの持ち味を引き出すのと、大人か子どもか、男か女か分からなくなるほど区別をあやふやにしてしまうのとは、別だと思うんだけれどねえ。

自然の世界でも、夏から秋になるのに何月何日からとはっきり区切れるわけではないけれど、やっぱり夏は夏、秋は秋でしょう。一日のうちでも、朝は朝、昼は昼、夜は夜、ちゃんと大きな区別があって、体もそのリズムで保たれている。そのけじめをないがしろにすれば、朝なら朝のすがすがしいさわやかさを逃してしまうことになる。もったいないと思うわ。

第一、朝はもっと喜びにあふれて迎えなくては。なぜかといえば、夜は地球の半分をわざわざお日さまから隠して、昼間の活動で乱れたり、汚れたりしたところを、親神様が元に戻してくださる、いわば世界を造り替えてくださるのだから。朝、起きるということは、新しい世界にまた生まれ替わったということなのよ。息ができる、目が見える、足が動く、今日また新しい生涯を与えていただいた。これを喜ばずにはおれないの。おばあちゃんの歳（とし）になると、そのありがたさがいっそう強く感じられるのよ。

教祖の教えは何事でもそうだけれど、〝こうしなさい〟とか、〝しなくてはいけない〟とか、命令や禁止をなさるのではなく、物事の元の意味や成り立ちを説き明かして、『どうすることが一番理にかない、幸せになることか、よく思案しなさい』とおっしゃっているように、おばあちゃんには思えるの。朝起きについても、まず朝の値打ちをよく知ること。そうしたら朝のうちに起きなきゃ損々、という気持ちになるわ。

いまからもう五十年も前。第二次世界大戦といって、世界中が巻き込まれる戦争があったのよ。日本はアジアの国々を攻め、アメリカと戦った。おじいちゃんは北海道よりも北の千島（ちしま）に行き、そのうえシベリアに捕虜（ほりょ）として二年間も捕（と）らわれた。一人ぼっちになったおばあちゃんは、生命と運命を守ってくださるのは、親である神さましかいないと思い定め、親神様に守っていただけるよ

Good
Morning

うな生き方を心がけて、一生懸命に努力した。

ちょうど同じころ、ドイツにアンネ・フランクという女の子がいた。初めは取るに足りない勢力のナチス党が、あれよあれよという間にドイツ国民の支持を得ていった。その党首だったヒトラーが首相になると、ユダヤ人というだけで、ひどくのけ者扱いされ、とうとう何百万人もガス室で殺された。

アンネもユダヤ人だったので迫害を受け、十三歳のとき、家族みんなで隠れ家に引っ越して窮屈(きゅうくつ)な生活が始まった。そのころから日記を書くようになって、その日記があとで本になるの。十五歳のとき、とうとうドイツ人に見つかって捕らえられ、十六歳になる三カ月前にベルゲン・ベルゼン収容所でやせ細って亡くなったわ。これから伸び盛りの明るく賢い女の子だったのに。

最後の収容所では、木製の粗末な三段ベッドにたくさんの人が着る物もなく押し込められて、食べ物や水もほとんど与えられず、伝染病が広がるばかり。人間らしいけじめも何もあったもんじゃない。思うだけで身震いをするような状態だったらしいの。

あらら、話し込んでしまって、潤子ちゃんの楽しみにしていたテレビはもう終わってしまったかな」

「もういいの。みんなでおいしくごはんが食べられ、ゆっくりと後片づけができるのも、平和だからよね、おばあちゃん。お茶碗もコップも割らずにすんで、平和って本当にいいなあ」

人にも自分にも正直に！

「陽子(ようこ)、公園でキャッチボールしようか？」

「房充(ふさみち)兄ちゃん、大学へ行かなくてもいいの？」

「今日は日曜日じゃないか。それにオレは今年から大学院、何回言えば分かるんだ」

「なによ、えらそうにイン、インって。大学よりもっと陰気になるだけじゃないの」

「陽子にかかったら大学院も値打ちなしだなあ。でも、当たっているところがあるから悔しいぜ。それより陽子こそ、休日の午前中はキックベースボールのクラブ活動じゃなかったのかい？」

「昨日、練習のときにボールを蹴ったら、急に足と腰が痛くなって、しばらく無理してはいけないの」

「それじゃあ、陽子ばあちゃんが達者なのは、口だけってことだな。あんまり突っ張るんじゃないぞ」

「いやだあ、お父さんみたいなこと言って」

「会長さんも同じこと言ったのかい？」

「おさづけをして、親神様にお祈りしてくれたの。

私たちの体や身の回りに起こってくることは、親神様が私たち銘々にお知らせくださっていることだそうよ。ただ、子どもが一人前になるまでは、子育ての反省や参考のために、親神様が両親に分からせたいことがあるという意味だから、まず、親がよく思案するといいんだって。だから陽子の腰痛の場合も、お父さんとお母さんがあらためて話し合って、〝心のやわらかい子に育つよう、気をつけることにした〟って言っていた。

房充兄ちゃんは、これまでにケガや病気したことある？」

「オレが教会に住まわせてもらうようになって、もう一年以上になるなあ。もっとも、予備校に通っていたときもお世話になったけれど、大学に入ってからは、やっぱり自由にやってみたかったから、ワンルームマンションを借りて、しばらくは一人で暮らした。

ところが、会長さんの声かけを無視して教会の月次祭参拝をすっぽかすと、包丁（ほうちょう）が足のくるぶしに刺さったり、バイクが滑って危うく事故になりかけたり。

そんなことが続いたので、これはヤバイと思って、また教会から通学することにしたんだ。以来、月次祭の日には学校を休み、日曜日には、できるだけ教会の御用をさせてもらうようにしているよ。それからは、ケガも病気もまったくないなあ。

教会に住んでいると、自宅にいるときや、一人で暮らしているときよりも窮(きゅう)屈(くつ)だけれど、その代わり、ほかではできない勉強をさせてもらえるのは確かだ」

陽子は、マリー・キュリーという人を知ってるかな？　夫のピエールと力を合わせて放射能の研究を行い、新しい科学の扉を開いた人といわれている。日本で言えば、ちょうど江戸時代から明治時代に変わるころ、ポーランドという国に、五人兄弟姉妹(きょうだい)の末っ子として生まれたんだけど、彼女が生まれた年に、お母さんが肺結核になって、いまの陽子と同じ十一歳でお母さんを亡くした。どんなに悲しくつらかったことだろう。でも、教育者であるお父さんは、まじめで優しく、また楽しい家庭を築いたので、生活は豊かではなかったけれど、子どもたちは心豊かに育ったんだ。

マリーは十七歳のころ、パリの大学に入って理科の勉強をしようと志(こころざ)した。でも、金銭的にそんなゆとりはなかった。そこで、同じく医者になりたいという夢を持っているブローニャ姉さんに相談を持ちかけたんだ。

どんな相談かというと、姉さんがパリで医学の勉強をする五年間は、マリーが家庭教師をして仕送りで姉さんを助ける。そして姉さんが医者になったら、今度はマリーを援助する。この相談をお父さんも許してくれて、できる限り応援すると約束し、もう一人のヘラ姉さんは留守を守るというように、家族が心も力も合わせて頑張ることにした。

途中、さまざまな困難にぶつかりながらも、ブローニャ姉さんは希望通り医者になり、マリーも二十四歳で、あこがれのソルボンヌ大学に入学できた。自分の気持ちを七年間も変えずに頑張ったわけだ。

そうかといって、ほかのことに見向きもしない冷たい人だったかというと、そうではなく、学校に行かない子どもたちのことを心配して、自分の勉強時間や費用を割(さ)いてまで教えたりもしていたんだよ。

それからまた、必死に勉強を続けて、大学で知り合ったピエールと結婚。二人の研究はノーベル賞に輝いたが、ピエールは馬車にはねられ、若くして亡くなった。しかしマリーは、その大きな壁を乗り越えて、二人の女の子を立派に育て上げながら研究を続け、二度目のノーベル賞を受賞したんだ。

信頼
BRAND

人はみな幸せを願うけれど、それに欠かせないのは信頼という強力な接着剤ではないだろうか。もし信頼がなければ、自分に対しても、家族の間でも、そして世のなかも疑いと反目(はんもく)ばかりで、安らぎも一致も生まれはしない。

その信頼をつくり出すのは、正直な心づかいだと思う。自分に対する正直は自信となり、人に対する正直は信用を築き、そして神様に対する正直は心の成人を約束する。マリー・キュリーがいまなお世界中の人々の尊敬を集めているのは、どんななかも誠実ひとすじに通り抜いたからではないだろうか。

マリーが辛抱(しんぼう)強く、自分にも人にも正直に通ったように、陽子もやわらかく、そして、どんなときも正直に、強く、心の目指すところに向かって歩いていきたいなあ。

私たちは〝タダの世界〟に生きている!?

「洋子(ひろこ)ちゃん、こんにちは。神殿掃除、先に始めてくれていたの、ありがとう」

「あっ、水沢(みずさわ)のおばちゃん、こんにちは。今日は土曜日で早く帰ったから、お母さんに言われてひのきしんをしているの」

「えらいわね。お友だちが来ているから、いっしょに遊びたいでしょうに」

「リエやサッコは家であまりお手伝いをさせてもらえないから、教会のひのきしんがおもしろいって進んでしてくれるの。それよりおばちゃんこそ、えらいっていうか、もう驚きよ。おうちの用事がたくさんあるのに、雨の日も風の日も毎日よく続くわね。

それも朝のおつとめ前のお掃除と、一度帰って、また朝のおつとめに来て、それから昼のお掃除と、また夕づとめでしょう。一日に四回も五回もお参りするんだもの。『洋子なんか、これくらいしてあったりまえよ』って、これは、お母さんに言われちゃった、エヘヘ。

背は洋子のほうが追い抜いたのに、小柄なおばちゃんのどこに、そんなファイトがあるのかなあ?」

「そうね、もう十五年以上になるかしら。洋子ちゃんが生まれるだいぶ前からだものねえ。でも、それも私と家族が元気で、そのうえ大きな困り事がなかったから続けられたのよ。やっぱり親神様にしっかり守っていただいているんだと思うと、いっそうやる気が湧いてくるわ」

「そういえば、おばちゃんが病気したって聞いたことがないわ。風邪のばい菌も、おちおち近寄れないのね」

「それじゃ、まるで鬼か怪獣みたいじゃない」

「この前、ター君が当たってぶっ飛ばされたのは、だれのおしりでしたっけ？」

「あれはもののはずみ。そばにター君がいると知らずに振り向いたら、ちょっとおしりに当たっただけよ」

「ちょっと当たっただけで三メートルもねえ」

「さっきも玄関で『おしり怪獣が来た！』って、ター君に大声で言われたわ」

「アハハハ……イタイッ！　笑いすぎて後ろの柱で頭を打っちゃった。おばちゃんといると、あぶない、あぶない」

「まあ、いじわる。でもね、実はおととし、健康診断で胆のうというところに、

デキモノの影が映っていると、お医者さんから注意されたのよ。

もちろん、すぐに会長さんに相談したわ。話してくださったことをごっくんとのみ込んで、神さまが私を見込んで、もっと心を磨(みが)くためになさっているんだと思えたら、気持ちがすうーっと落ち着いた。かえってはっきりした目標ができて、喜ぶことさえできたのね。

お友だちが、よく平気でいられるわねと言ったくらい。だって、教会のことを一生懸命にしていると、自分のことを忘れるんだもの。

そして、三カ月して再検査を受けると、デキモノの影が見えないのよ。お医者さんも半信半疑で、『一年たって、もう一度再検査しましょう』って。ところが一年後も、なんともなかったの。

お医者さんは、最初のときの影はいったいなんだったのかなと、首をひねっていたわ」

「ふーん、手足のイボでも消えることなんてないのに。それにしても、おばちゃんくらい熱心に会社やお店で仕事をしたら、めっちゃお金もうけができるやろうにね」

「洋子ちゃん、この世のなかはお金が第一だとよくいわれるけれど、私はそうは思わない。生命のもとは火・水・風でしょう。これらがもし、お金で買えるものなら、金持ちは永久に生きられるはずよ。それに、ある会長さんがおっしゃっていたわ。野菜や魚、テレビや自動車も元はといえばタダだって」

「それは言いすぎよ、おばちゃん。そうだったら、だれも苦労しないもの」

「ええ、確かにお金で買うんだけれど、それは人間の手間賃として払っているだけで、原材料を育てている自然からは、タダで頂いているのよ。

化学製品のもとは石油でしょう。地面のなかから湧いてくる石油を、地面にはなんのお礼もせず、吸い上げて使っているじゃない。

それに社会を支えている家庭も、互いたすけ合いで成り立っているでしょう。もし、家族の間でもお金のやりとりをしていたら、やりきれないわよ。

というわけで、人間は自然やほかの生き物たちや、人々の計り知れない恵みによって支えられているのよ。

たとえば百階建てのビルの一番上のほうに住んでいるようなものだとしたら、九十九階まではお金のいらない、そしてお金では計れないタダの世界だと思う。つまり、お金では買うことも作ることもできない生命と運命の世界よ。そこにちょこんとのっかって成り立っているのが、お金という約束ごとの人間社会。お金をもうけても、生命と運命にはほとんど関係ないのね。

むしろ、お金もうけのために天の理に合わない無理をすると、生命や運命が傷つくことだってある。自然や生き物たちにはタダ働きをしてもらっているんだから、お返しをしないと。それが生命と運命の守られる徳積みになるんだと、私は信じるの」

「だから、おばちゃんのデキモノの影がなくなったのかなあ。そうすると、働くこととお金もうけは、同じとは限らないわけか……」

「〝働くというのは、はたはたの者を楽にするから、はたらく（側楽）と言うのや〟と教祖（おやさま）はおっしゃったの。だから、朝、元気にあいさつをしてみんなに喜んでもらうことも、立派な働きになるのよ」

「お金にならないことは働きと思わない、いまの世のなかが怖いわね。教祖の教えから見ると、私たちは、ものすごくゆがんだ世界に生きているのね」

教祖は親の〝親〟

「慶郎(よしろう)、習字の手本を渡してあるのに練習も清書もしてこないのは、兄弟姉妹(きょうだい)のなかで、おまえだけだぞ」

「なんだ、光男(みつお)おじさんか。習字なんか、やってる暇ないよ。それより落語のテープ、また別のを貸してよ」

「習字の時間はなくて、落語を聴く時間はあるのか」

「だって習字は、準備も片づけもじゃまくさい。落語はカセットを入れてボタンを押せば、すぐに聴ける。ほかのことをしながらでも楽しめるし……」

「〝字を習っておけばよかった〟と思うことがきっとある。第一、好きな子に手紙を書くのに、慶郎のお父さんみたいな字では、お母さんみたいな人しかお嫁に来ないぞ」

「おじさん、そんなこと言っていいの？　いまちょうど、このラジカセ、録音中なんやで」

「おい、ほんとか？　そ、そのカセット、オレに渡せ」

「冗談だよ。顔に似合わず純情だなあ。でも、字のことだったら大丈夫。ワープロがあるし、得意のイラストでグッとせまるよ」

「女の子をウエディングドレス姿のお姫さまに仕立てて、二階の窓の彼女に、下からバイオリンを弾いてあげるような絵か？」

「おじさん、大正生まれ？　ボクのはね、真っ赤なスポーツカーで、青い海を見下ろしながら、二人でステキな高原のドライブウエーを走っているとか、シルバーホワイトのUFO(ユーフォー)に乗って、星のまたたく銀河(ぎんが)をロマンチックに遊泳するとか」

「慶郎に似合うのは、まだベビーカーだよ。確かにお母さんの言っていた通り、慶郎は反抗期だな。二歳、小二、中二は反抗期になりやすいと、ものの本で読んだ。こう言えば、ああ言う。ああ言えば、こう言う……」

「じゃあ、どう言えばいいの?」

「それがいけないんだ。すぐ口ごたえする。まず、黙って人の言うことをよく聞く。素直になって、しっかり親孝行しろよ」

「反抗期に無理して黙って、二十歳を過ぎてから親を困らせるのが親孝行?

大人になってからの親不孝は、親も子も共倒れをするって、いつもお父さんが

YOSHIKO
HARUNOH
01

言っている」

「おじさんもさまざまな人のお世話をしてきたけれど、確かに、社会に出てからも親を苦しませたり悲しませたりして、幸せになった人は知らないなあ」

「ところで、おじさん自身はどうだった？　おじいちゃんやお父さんからいろいろ聞いているよ。学校の成績とか、大学を出てからのこととか」

「おいおい、今度はおどかすつもりか？　それより、慶郎のお父さんは学生のころから信仰に反対して、両親をものすごく心配させたんだぞ。

おじさんも、そばで見ていてハラハラした。ただ、お父さんはほかのことで親を喜ばせようと、なんでもよく努力していた。毎晩のように一時間も二時間も両親にあんまをしていたのを覚えているよ。

そしてあるとき、急に信仰の修行をすると宣言して、修養科というところに入り、天理で三カ月を過ごし、それからはずーっと信仰ひとすじだ。

親という字は、木の上に立って見ると書くだろう？　それくらい先のほうまで心をかけているのが親だ。それでも人間だから、親自身が頼りないもんさ。将来どころか、足元さえ分かっていない場合だって珍しくない。幼稚園に入ったばかりなのに大学の心配をして、そのくせ、いま抱きしめてもらいたいと思っている子どもの願いを感じとれないお母さんもいる。だから、親にも親が必要なんだ。そこに教祖（おやさま）というお手本がある。ただし、教祖はいつでもだれでも幸せになれるよう手招きしておられるのだが、その姿が見えるようになるには、信仰の力が必要だ。科学的法則を見るのに、知識の力がいるように。信仰の力をつけて、教祖がいつも心の目で見えるようになれればなあ。

自動車の運転で大切なのは、迷っても確かな地図がある、という自信を持って、まず自分自身がしっかり走ることだろう。親が頼りなくフラフラ走っていては、子どもがまごつくのは当然だ。

もう一つは、適度な車間距離じゃないだろうか。近づきすぎは危ないし、遠ざかりすぎては、ほかの車の迷惑になる。子どもが小さいうちは、できるだけそばにいて、守られているという安心感を植えつけてやらねば、その子は一生不安定な気持ちから逃れられない。

その代わり、大きくなれば、だんだんと離れてやるのがいい。離れてほしいときに近づくと、憎まれるのが関の山だ。思春期は、息まいて走るダンプカーみたいなもんだからなあ。

それでも無性に親に近づいてもらいたいときもあるだろう。そのときに放っておくと、いつまでも恨(うら)まれる。自信を持って走るのも、車間距離を加減する

のも、とにかく難しいよ。教祖という〝親〟が親にいなければ、とても親など
やっていけるもんじゃない」
「おじさんも、五人の子育てでだいぶ苦労したんやなあ。でもねえ、親の欲目
というのと同じように、〝子どもの欲目〟というのもあって、自分の親はどの
親より立派に思いたい気持ちが強いんだよ。だから、おじさんのような親でも
大丈夫。ボクからも頼彦（よりひこ）や玲子（れいこ）たちによく言っておくよ」

〝心の屋根〟を支え合おう

ボク、優理(ゆり)姉ちゃんなんか、大きらいや！

昨日、お父さんが自転車に乗せてやろうって言ったとき、前はボクの指定席なのに、だだをこねて自分が取って、ボクは後ろの荷台に座らされた。荷物になり下がってしまったボクは、イヤな気分でモジモジしていると、お父さんが大きな声を出したんだ。

「毅仁(たけひと)も四歳の誕生日に、姉ちゃんたちに大きなケーキを作ってもらってお祝いをしてもらったことだし、後ろの席でも大丈夫だろう。お父さんの腰にしっかりつかまっていろよ」

ケーキと自転車の席と、どんな関係があるというんだ。第一、大きなケーキといっても、十人家族のほかに七人も八人もいっしょに住んでいる人がいるんだから、みんなで分けたら、どれがクリームでどれが生地なのか、ちっとも分からないじゃないか。

てなことを考えているうちに、

「チリリン、チリリン、しゅっぱーつ」

と、お父さんはご機嫌でペダルをこぎだした。

しばらくは調子良かったんだけど、クリーニング屋さんの角っこを曲がったとき、ボクの左足が急にねじられて、ちぎれるように痛くなったんだ。

「痛い、痛い、わあーん」

お父さんはびっくりして自転車から降り、すぐに靴と靴下を脱がせてくれた。

「ははーん、スポークに足が巻き込まれて、かかとのところが切れたんだな。毅仁、ごめんごめん。まだ後ろの席は無理だったか。なむてんりおうのみこと、なむてんりおうのみこと、親神様、教祖、申し訳ございません。どうぞお守りください。よし、もう大丈夫。毅仁、泣きやむんだ。泣くのは一回だけ。グッと口をつぐんで……」

お父さんもお父さんだよ。何がもう大丈夫なもんか。ボクもこわごわ、ちらっと見たけれど、かかとが血で真っ赤だったじゃないか。ケガをして痛いのはボクだよ。それなのに、ケガをさせたお父さんが「大丈夫だ、泣くのは一回」なんて、よく言えたもんだ。仕方なく抱きついてはみたけれど、内心、こんな親についていって、それこそ本当に大丈夫かなあって思ったよ。

だいたい、優理姉ちゃんが前の席を取ったのが悪いんだ。今度、幼稚園のかばんにゲジゲジ虫を入れてやっからな。

「毅仁、昨日はかわいそうだったわね。痛かったと思うわ、お母さん。皮がめくれていたもの。

でも、お父さんは久しぶりに家にいて、区役所へ出かけるのに、ちょうど二人がいるから連れていってあげようと思って、自転車に乗せてくれたんじゃないかな。ただ、油断したのはいけなかったけれどね。

でも、なんでも大丈夫と思えば大丈夫なのよ。親神様の広く長い目から見ると、大丈夫でないものは何もないはずなんだから。

いま帰られたご夫妻にも、お話ししていたところよ。人間がもうダメだと思っていても、親神様は私たちをかわいいいっぱいの愛情で、一番大丈夫なように導いてやろうとしてくださる親なんだから。しっかり抱きついて、その親心にこたえるよう力いっぱい努力すれば、きっと守ってくださる。それを『大丈夫かなあ?』なんて疑っていると、お母さんの胸から自分で離れていくようなものよ。毅仁も教会の子どもなんだから、ちょっとやそっとのことでオタオタしないの。

それにお父さんは、用心のためにすぐ病院へ連れていってくれたでしょう。お医者さんも『たいしたことはありません』って消毒だけして、バンソウコウを貼(は)ってくださったじゃない。

あのあと、ほかにも最近気にかかることが起きていたから、お父さんは私に相談して、おぢばの神殿にお供えを持って参拝に行ったのよ。そういうお父さ

んだから、安心してついていけばいいの」

「ふーん、お母さん、今日は特別お父さんの味方をしているみたい。なんだか二人の仲はあやしいなあ」

「そんなこと、いつの間にどこで覚えてくるの？　でもバレちゃったからタネ明かしをすると、実はね、お父さんに言われたの。

　お母さんはお日さまで、毎朝明るく元気にこの家に光と熱を与えてくれなくてはならない人。そして、お父さんはお月さまで、自分で光を出さず、お日さまに照らされるのを待っている。だから、お母さんの言葉でお父さんに輝きを持たせてくれ。その代わり、暗い夜道でも、どの道を行けばいいのか、月の明かりでしっかりと教えるからって」

「いざというとき、雲に隠れて出てこないようなお父さんじゃ困るもんね」

「まあ、キッーイ。毅仁は、そんなことより、優理姉ちゃんやお友だちと仲良く遊ぶことが大事よ。柱や壁が屋根を支えてくれるから、その下でみんな安らかに暮らせるのと同じように、家族とかお友だちとか互いに楽しく過ごすには、片方の手は自分のことをしてもいいけれど、もう片方の手は〝心の屋根〟をヨイショと支え合うことが大切なの。ゆずり合ったり、たすけ合ったりしないで、みんなが両方の手を自分のことばかりに使うと、屋根に守られず、結局、自分も相手も雨風にさらされて、みじめな思いをしなければならなくなるのよ」

「なんと言っても、一番大事なのは、お父さんとお母さんが支える屋根だよ。ボクたちに必要なことは、塾とか習い事なんかより、その屋根の下で安心してのびのびと遊ぶことさ。ボクも小さな片手を出して支えるから、お父さん、お母さん、しっかりたのんまっせ」

優しい言葉が心を結ぶ

幼稚園の砂場で理恵(りえ)ちゃんと土を丸めて、おだんご遊びをしていると、まゆちゃんが友だちを何人か連れてやって来て、

「優理(ゆり)ちゃんとは、もうゼッコウよ」

って言った。帰ってから洋子(ひろこ)姉ちゃんに、

「ゼッコウって何?」

って聞くと、

「友だちづきあいをしなくなることよ」

だって。あのとき、怖い顔でワタシをにらんでいたから、いい意味じゃないとは思っていたけれど。ワタシ、まゆちゃんに何か悪いことしたのかなあ……。それならそれでいいわよ。そんな子には、こっちからゼッコウよ。


「理恵ちゃんが、おうちへおいでって言うから、行ってもいいでしょう、お母さん」

「そうねえ、ちょっと考えてみるわ」

「どうして？　お友だちのおうちへ行くのは初めてなんだから、優理、すっごく楽しみ。お願い！」

「あいさつがちゃんとできるかなあ。お友だちのおうちへ行かせるのは初めてなんだから、お母さん、すっごく心配。やめて、お願い！」

「真似しないでよ。ちゃんとあいさつするから絶対行かせて。そうでないと、もう、お母さんとゼッコウよ」

「まあ怖いわね。じゃあ、ためしてみましょう。玄関に入って、理恵ちゃんのおうちの人に会ったときはどう言うの？」

「こんにちは、優理です。おじゃまします」

「まず一つ目は合格かな。もし、おやつとか何か頂いたときは？」

「ありがとうございます。いただきます。結構なおふくかげんでございました」

「何それ？」

「だって、この前、お茶のけいこでお姉ちゃんたちが、いっぱい練習していたでしょう」

「そこまで言わなくてもいいの。じゃあ、何かいけないことや失敗をしたら？」

「ごめんなさい。親の顔を見てください」

「どういうこと？」

「前に、外の植木鉢をひっくり返して逃げていった男の子たちを見て、お母さんが、親の顔が見たいわって、つぶやいたじゃない」

「あ、あ、あれは、あのねえ……」

「これも言いすぎ？」

「そ、そうよ。最後に、帰るときはどう言うの？」

「さよなら。おみやげまで頂いて、ありがとうございました」

「もう！　お母さんをからかっているの。おみやげなんて」

「全部答えたから、これでいいでしょう？　行ってきまーす」

「車に気をつけなさいよ。

あいさつを教えるチャンスだと思ったのに、反対にやりこめられたみたい」


理恵ちゃんのおうちへ行ってきた。大きなマンションの十二階。ベランダから下をのぞくと、自動車がおもちゃのように並んでいる。頭から吸い込まれそうで、すぐ後ろに下がったわ。ピーターパンみたいにスーイ、スーイ、飛べたらいいのになあ。でも、あんなに高かったら、やっぱり怖い。

おうちには大人の人はだれもいなかった。理恵ちゃんがカギを持っていて、自分で開けたり閉めたりするんだって。

なかに入って驚いたわ。大きな犬がこっちをじっと見ているの。本物みたい

なヌイグルミだった。ほかにもピアノがあったり、大きなテレビがドシーンと座っていたり……。

　ター君のおもちゃの怪獣が転がっていたり、読みっぱなしの本が放ってある優理のおうちと違って、なんだかすっごく静かでお上品。理恵ちゃんだけの机があって、そこで勉強するんだって。

　どうしてなのか知らないけれど、やっぱりワタシの家がいいなと思って、

「さようなら、ありがとう」

と言って、急いで帰ってきた。ワイワイ、ガヤガヤと、いつもの騒がしさが待っていて、ホッとした。

　家のなかって、どこも同じじゃなかったんだ。壁の色や部屋の大きさや、物の置き方なんかみんな違う。理恵ちゃんのマンションのおうちみたいに、外か

らはどれも同じように見えるけれど、なかは別々なんだ。

「そうね、初めてよその家庭をたずねて、いい勉強になったわね。家のなかがそれぞれ違っているように、心のなかも一人ひとり違うと、お母さんは思うの。だから、自分の心に閉じこもると、外の広い世界のことも分からなくなるの。そんなことのないように、言葉が生まれたのではないかしら。

お金によって物と物が広く行き交うように、言葉によって心と心が深く通い合うのよ。明るく優しい言葉は、お互いの心を開いて強く結びつけてくれる。言葉を大事にしないと、きっと、だんだん一人ぼっちになるわ。『切り口上(こうじょう)、捨て言葉』は、自分で自分をダメにしてしまうわね」

「分かったわ、お母さん。優理、ゼッコウという言葉とはゼッコウするわ」

虹が映る豊かな心に

「今日は雨が降って、子どもたちが遊びに行かずに手伝ってくれたから、おいしいカレーが早くできたわね。さあ潤子（じゅんこ）、みんなを呼んできて」

「ハーイ。食事の用意ができましたので、食堂に集まってください」

「みんなそろったかな？　それじゃあ、いただこう」

「合掌（がっしょう）。親神様、教祖（おやさま）、祖霊（みたま）様、世の中の皆さま、ありがとうございます。いただきます」

「おいしいなあ。とろっとコクがあって、じわっと辛（から）くて。何杯でも食べられそうだ。子どもたちが手伝ってくれたのか？」

「潤子はニンジンを切って、ジャガイモの皮をむいたのよ」

「やっと一個だけね。それもおなべに入れるのに、ぎりぎりセーフ」

「陽子（ようこ）姉ちゃんのいじわる！　自分だってタマネギ一つ切るのに、たくさん時間がかかったくせに」

「ほらほら、また始まった。仲良くしないと、せっかく苦労して作った味も分からなくなるぞ」

「お父さん、この前、ごはんをしばらく食べなかったでしょう。潤子、心配だった。どうして食べなかったの？　もう食べていいの？」

「重い病気や手術のためにごはんを食べられない人のところへ、親神様にたすけてくださるようにお願いに通っていると、自分も食べないで、少しでもその人の気持ちに近づきたいと思うようになるんだ。それと、潤子もお父さんにどうしても聞いてもらいたいことがあるときは、一生懸命お願いするだろう？親神様は親だから、お父さんもそんな気持ちで、親神様に一生懸命お願いをしているわけだ」

「何日も水だけしか飲まなかったら、おなかが減るでしょう？　大丈夫？」

「二日目くらいが一番つらいかな。ところが三日目を過ぎると、頭のほうから下のほうへ、しだいに汚れが取れていく感じで、身も心もスーッと澄んでくる。食べていないのに、いつも以上に元気に動けるから、〝親神様に生かされているんだ〟という実感が強まるんだ。ただし、一週間も続けると、胃がひっくり返って口から出てきそうになるので、中止するけどね。

そのとき、お母さんに作ってもらったおかゆを梅干しで食べると、どんなにおいしいか。のどを通って胃のなかに流れていく間、口はもちろん、のども胃も、ごはんの一粒一粒を吸い取るように味わっている。普段、どれだけよく噛んで味わっていないかを痛感する。

考えてみれば、食べるというのは体を養うためだから、味なんてあってもなくてもいいわけだ。ところが、どうだ。野菜には、キュウリもあれば大根もある。カボチャ、ゴボウ、白菜、ナスビと、きりがない。魚でも、タイにイワシにマグロにサンマ……どれもこれも色、香り、味が千差万別。人間を楽しませたいという親神様の親心としか言いようがない。食事をおいしくいただけるということは、どんなにありがたいことだろう。だから、両手を合わせて、すべてのものの、その調和と豊かさに心から感謝しようような」

教祖の逸話に、次のようなお話がある。

ある日のこと、（西浦弥平が）お屋敷からもどって、夜遅く就寝したところ、夜中に、床下でコトコトと音がする。「これは怪しい」と思って、そっと起きてのぞいてみると、一人の男が、「アッ」と言って、闇の中へ逃げてしまった。後には、大切な品々を包んだ大風呂敷が残っていた。

弥平は、大層喜んで、その翌朝早速、お詣りして、「お蔭で、結構でございました」と、教祖に心からお礼申し上げた。すると、教祖は、

「ほしい人にもろてもろたら、もっと結構やないか」

と、仰せになった。弥平は、そのお言葉に深い感銘を覚えた、という。

（『稿本天理教教祖伝逸話篇』三九「もっと結構」より）

人間の体には、大人になると六十兆からの細胞があるといわれている。その細胞一つを一円と考える。目に見えない細胞ではあるが、スーパーコンピューターでさえ及びもつかない精妙なはたらきをしているから、とても一円のものとは言えないが、あえて一円として計算してみると、私たちの体は、六十兆円の値打ちを持っていることになりはしないか。

私たちは居ながらにして、こんなに大きな財産を持っている。まさに宝の山に囲まれているようなもの。だから、それを受けとめる心がなければならない。

なんの恵みもないような砂漠にも、石油という宝が埋められている。しかし、それを分かち合う心がなければ、いたずらに争いを招くばかりだという事実を見ると、大事なのは、豊かさを豊かさとして受けとめられる〝豊かな心〟だと

分かる。

「お父さん、雨上がりの澄みきった空に虹がかかったよ。目には白くしか映らないお日さまの光のなかに、親神様の七色の美しいおはたらきを見ることができるような、そんなきれいな心に潤子もなりたいなあ」

〝言い分〟2011

人生まだまだこれからや！——毅仁

僕は六人兄弟姉妹（きょうだい）の末っ子だ。

単純に考えて、末っ子というのは、兄弟姉妹のなかで親といる時間が一番短いのではないか。もっと厳密に言うと、親と一緒に生きている時代が一番短いということだ。ちょっと分かりにくいだろうから説明する。

僕は、母が三十五歳のときの子どもだ。そして、僕とお兄ちゃんは十歳離れていて、お兄ちゃんは母が二十五歳のときの子どもだ。仮に、母が百十五歳で出直したとすると、僕は、

115－35＝80

八十年間、母と同じ時代に生きたことになり、お兄ちゃんは、

115－25＝90

九十年間になる。よって、お兄ちゃんは僕よりも十年長く母と同じ時代に生きたことになる（なんか算数の問題みたいやな）。

だからといって、親からの愛情が少ないとか、反対に、自分はほかの兄姉よりも可愛がられたなんて思ったことはない。というか、そんなこと考えたこともない。ただ、末っ子というのは、兄姉よりたくさんのものを与えられる。なんたって、上に五人もいるのだから。

「幸せの地図もってますか？」（113ページ）にあるように、僕は小さいころ、優理に面倒を見てもらっていたようだ。アルバムを見ると、小さいころの写真は、

ほとんど優理と一緒に写っている。遊び相手には困らなかっただろう。

ほかの兄姉との思い出も多い。小学校低学年のころ、母に琴の演奏会に連れていってもらったとき、お姉ちゃんたちに選んでもらった服がなぜか無性に気に入らなくて「演奏会なんか行きたくない」とふてくされたり、お兄ちゃんの水槽の掃除に夜中まで付き合わされたり、お兄ちゃんが買ってきたフジの木をいまでも育てているのは僕だったり（もう、こうなっては与えられているのか、押しつけられているのか分からない）。

そのせいかどうか分からないが、小学校高学年から中学校にかけては、何を頼まれても「しない」、何に誘われても「やらない」。おかげで、よく父に言われたものだ。「あんたは消極的な子やなぁ」と。

教会の行事があっても、極力参加せずに逃げていた。中学では、優理は吹奏楽部、生徒会の副会長までやっていたが、僕はクラブにも入らず、学校と家を往復するだけで、ろくに勉強もせず、かといって外へ遊びに行ったりもせず、学校から帰ると、ただひたすらボーッとしていた。

いま思い出したけれど、小さいころから僕は本当に家で勉強しない子だった（かろうじて宿題はやっていたけど）。そもそも学校以外で勉強するという考え自体がなかった。だから、友だちが塾で学校の勉強（国語とか算数）を習うと知ったときは驚いた。学校で教わらない剣道やそろばんを習うのは分かるけれど、なぜ学校の勉強までやらなければならないのかと、不思議に思ったものだ。

しかし、人間というのは、大きくなるにつれて、しなければならないことが増えてくる。何もせずに生きてはいけない。困ったものだ。

中学三年生になれば、受験する高校を決めなければならない。受かるためには勉強しなければならない。高校に受かっても、三年生になればまた進路を決めなければならない。時には他人の意見を参考にし、時には自分でよく考え、時には成り行きで進路を決めたが、その時々の進路の選択を振り返ってみると、兄姉の影響をかなり受けていることが分かる。

いつまでもたらたらと学生をしている慶郎兄ちゃんを見て、「早く働こう」。ロシア学科でロシア語を勉強して、さらにロシアにまで行ってきたにもかかわらず、全然関係ない仕事をして、ろくにロシア語も話せない洋子姉ちゃんを見て、「仕事に役に立つことを学校で勉強しないと」。

あえて自分の苦手なことに挑戦し、さらに仕事にする陽子姉ちゃんを見て、「仕事は自分が得意なことを」。

自分の天職を見つけようとして、でも見つからずに苦しんでる潤子姉ちゃん

を見て、「天職なんか探さずに、そこそこお金が入って自分が納得できる仕事に就けるようにしよう」。

お金のかかる学校に行って、家計に打撃を与えている優理を見て、「特待生制度を使って学費節約や」（優理だけが呼び捨てなのは、一歳しか離れてなくて普段の生活でも呼び捨てだからです）。

ホントにみんな、僕のために実験台になってくれて感謝感激!! 涙がちょちょぎれるわ。おかげで僕は、なんの問題もなく良い人生を歩んでます。ありがとう!! と書ければいいのだが、そうは問屋がおろさないようだ。

いまの僕は、特待生制度を使って会計の専門学校に行って、頑張って試験に合格して、さあ、これからやっと働けると意気込んでいたところに、就職難で仕事がなく、フリーターをしている始末だ。まったく、なんとまあ、人生というのは思い通りに行かないものだ。最近、しみじみとそう思う。

　それぞれに人生を苦労している兄姉を見て、同じ苦労をしないようにと進路を選択しても、人生には苦労が絶えない。考えてみれば、すごいことだ。五人分の人生を参考にして、選んだ進路の結果がこれなのだから。

　でもね、また、こうも思うのです。人生まだまだこれからやん。この苦労の先にはきっと楽しいこともあるさ、って。そう思えるのは、上の五人が五通りの苦労をして、それでも頑張って生きて、つらくても楽しい人生を過ごしているからだろう（それに、自分は兄弟姉妹の中で一番若いのだ！）。

　親と一緒に生きている時間はそう長くはないし、「生まれた順番で死んでいくとすると、僕は五人も看取（みと）らなあかんのか。大変やなあ」と思ったりもするけれど、僕は六人兄弟姉妹の末っ子で本当に良かったです。

「由来事件」があって良かった——優理

私は六人兄弟姉妹の五番目、優理と言います。

子どものころは、自分で言うのもなんですが、めちゃめちゃ可愛かった(笑)。家族や信者さんの話からも、また写真を見ても分かるけれど、目のなかに入れても痛くないとはこのことか、というほど可愛かった。

そんなわけで、私は周りから可愛がられ、甘やかされて育った。まあ、なんてわがままな子どもに育ったことか。可愛いというのは得だ。そんな私の正体を知っている姉だけは、とても厳しく、うっとうしがっていたように思う。

そんな可愛かった私を題材にして父が書いた話は四つある。なるほど。やはり、どれも可愛く書かれている。四つの話の私なりの解釈。

●損なこと、嫌なことも、他の人ではなく私で良かったと思える優しい心。
●人の喜びのために動ける優しい心。
●人に厳しくもできる優しい心。
●つなぎ、温かい言葉が出せる優しい心。

いずれの話も、優しい心について書かれているように思った。

では実際、私は優しい子に育ったかというと、嘘つきで欲張りで、わがままで八方美人な、切り口上捨て言葉を使うような、正反対の子どもだった。優しいなんて、まっぴらごめんよ！　というような心を持っていた。

そんな心を抱いてしまったのは、ある事件がきっかけだった。題して「由来事件」。

私が小学校低学年のころのこと。偶然、母の棚から古ぼけた半紙の束を見つけた。それは、祖父が兄弟姉妹全員の名前の由来を書いたものだった。祖父との思い出が薄い私は、すごいっ!! おじいちゃんからの最高の宝物を見つけた!! と、目をキラキラ輝かせ、ワクワクした気持ちになったのを覚えている。

それは、長男から順番に書かれていた。自分のものは最後の楽しみに取っておいて、兄、姉、弟という順番で読んでいった。兄も姉も弟も、文字がたくさん! とても難しいことが書かれている印象を受け、おじいちゃんはこんなにも真剣に私たちの名前を考えて、私たちのことを思ってくれていたのだと感動したのを覚えている。そして、いよいよ私。

三人の姉の名前には「～子」と付いているけれど、私の名前には付いていない。きっと、私は可愛いから名前の由来は特別で、すごく長く、難しいことが書かれているのだろうと、期待に胸をふくらませて見た。そこには、

「優しい女の子になってほしい。言葉も身の振り方もやさしい女の子」

……ただ、それだけ。

ほかの五人とは比べものにならないほどの短い文と、低学年の私でも理解できる文字が書かれていたのだ。私の期待は一瞬にして打ち砕かれた。あのときの衝撃は、いまでも忘れられない。それほど、子ども心にすごく傷ついたのだ。

それからの私は、自分の名前が大嫌いになった。

優しい女の子なんてまっぴらごめんよ!! とばかりに、小さいながらに反発

心が強く、可愛らしさのかけらもない、前述のような正反対の子どもに育ってしまった。

高校生になってもそれは変わらず、自分自身さえも嫌いな子どもになっていた。なんで私は生きているのだろう。私には価値はないのだと、ずっと思っていた。おじいちゃんが名前の由来を軽く考えたからだ。両親がこの名前を選んだからだ。兄姉弟がすごくて、私の価値が下がってしまった――。こんなふうに、家族のせいにすることもあった。

自分の住む家が天理教の教会で、両親が会長と会長夫人なのに、子どもの私がこのような思いを抱いていることが裏切り行為のようで、本当に申し訳なく、いま思い出しても涙が出てくる。しかし、教会に生まれたせいだと、両親を責めたことは一度もない。天理教も自分の家も大好きで、この家に生まれてきて

私はたすかったのだと思っている。

　私を支えてくれたのは、家族や信者さんはもちろん、祖父母や両親が築いてくれた「はるのひ」という空間だった。それは私だけではなく、多くの人々の支えであり、帰る場所になっていたと思う。なぜなら「はるのひ」を一度訪れた人は、もう一度「はるのひ」に帰ってくるからだ。

　父の怒らず受け入れてくれる偉大さと、母の誰（だれ）でも受け入れる「おかえり」という温かい言葉が、いつでも誰でも帰ってこられる空間をつくっていたのだと思う。そして、私の心を変えてくれたのが兄姉弟。私は兄姉弟が、この世の何よりも大好きだ。

　慶郎（よしろう）兄ちゃんは、弟妹のなかで私を一番甘やかして、可愛がってくれる。

　洋子（ひろこ）姉ちゃんは、自分の決めた道を突き進む。自分を信じることを教えてくれる。

陽子(ようこ)姉ちゃんは、太陽のように温かく、いつも笑顔にさせてくれる。

潤子(じゅんこ)姉ちゃんは、自分のつらいと思うことに、いつも挑戦して立ち向かう強さを教えてくれる。

毅仁(たけひと)は〝双子〟だ。弟と思ったことがない。また、彼もそのように思っているだろう。なぜなら、優理姉ちゃんと呼ばれたことがない。姉と思われていなかった。離れられない存在だ。

みんな、けんかをしながらも、いつもそばにいて、一緒に落ち込み、励まし、学び合える、本当にかけがえのない存在。

兄姉弟には、私は自分のことが嫌いだということを伝えた。兄姉弟のおかげで、自分に自信を持つことができ、毅仁の「嫌いな自分が好きなんちゃう?」

のひと言が、自分を愛せるきっかけになった。

たくさん経験したなかで、「由来事件」があって本当に良かったと思えるようになった。人が自分を嫌う気持ち、自分の価値に迷う気持ちが少しでも分かり、一緒に頑張ることができるから。

父が書いた家庭、子育ての話は、実際にあった話もあるが、ほとんどは理想の話。しかし、それを書ける父はすごいと思う。理想とは裏腹に、六人の子ども以外の人も育ててきた母の強さは半端ではないと思う。

正しい子育てなんてない。いろいろな子育てがあるのだ。それでいい。親の愛と優しさが、子どもにとっては一番の心の糧なのである。その愛の一つは、理想を目指して子育てに頑張る親の姿なのだろう。

私は、親だけではなく、たくさんの人の愛にふれ、底なしの優しさに包まれて育ってきた。そのおかげで、現在の私は、嘘つきで欲張りで、わがままで八方美人な、切り口上捨て言葉を使う心はなくなってはいないが、それ以上に、〝自分の名前に適(かな)った人になりたい。祖父が書いた由来、父が書いた話にあるように、人のために動ける優しい心を持った女性になりたい〟と思えるようになっている。自分の名前も自分自身も、愛せる心になれた。

それは「はるゐひ」という空間、兄姉弟を与えてくれた両親のおかげだ。まだ子どもの私は、両親にはジコチュー（自己中）になり、よく怒りをぶつける。自分でも思うほど、本当に理不尽な言動である。

しかし、それを受け入れてくれる親の愛の大きさ、優しさを感じながら、私も多くの人を、愛と底なしの優しさで少しでも包み込めるように、一緒に「はるゐひ」をつくっていきたい。

愛してくれて、ありがとう——潤子

●子育てで嫌(いや)だったこと

私たち教会の子どもは、幼いころはたいてい親が教会のことで忙しく、信者さんに育ててもらうことになります。それはそれで良いかもしれないけれど、良くないこともあります。子どもは大人に逆らえないし、何が善(よ)いことか悪いことか分かりません。私たち兄弟姉妹(きょうだい)には、それぞれにたぶん、誰(だれ)にも話せない思い出があります。それだけは良くないことだと思います。だから、信者さんに預けたり、自分の目の届かないところに預けたりするときは、本当に信用できる人にしてほしいです。

●お母さんとの思い出

私は小さいころ、お母さんがとてもとても怖かった。まさに、「鬼」という言葉がぴったりです。「お母さんイコール鬼」というのが、私の小さいころの母親像です。しかし、一度だけ優しい顔をしてくれたことがありました。そのとき初めて、私はお母さんの顔をまともに見た気がします。

それは、教会建て替えのほぼ一年間、私たち家族が仮住まいのマンションで暮らしていたときのことです。マンションは狭かったので、夜寝るときは二部屋に布団を敷きつめて全員で寝ていました。朝、目が覚めると、寝たときの場所とはまったく違う所にみんながいるといった、ハチャメチャな寝床でした。

私は、お父さん子だったので、朝起きると、お父さんの横にいることが多かったように思います。鬼に怒鳴られながら起こされて、ハチャメチャな寝床からハチャメチャな一日が始まる。朝は気持ちがいいと感じたことがありません。

しかしある日、父の隣で寝ている私の顔を鬼がそっとのぞいて、

「潤子、朝やで。起きや」

と、優しい声で起こしてくれました。私はそのとき本当にビックリしました。私は初めて、お母さんって鬼じゃなかったんだ、こんなに優しい人なんだ、と感動しました。そのときの驚きが、いまも思い出として残っています。

これが私の小さいころの、お母さんとのとても強い思い出です。

このままでは、ただ母親が怖かったという印象しか残りませんが、この思い出が、いまではとても役に立っています。それは、役者修業のためのパフォー

ミング学校の、トークの授業でのことです。みんなの前で話す練習をするのですが、私は人前でうまく話ができませんでした。しかしある日、この母親との思い出を紹介すると、みんなおなかを抱えて笑ってくれました。それをきっかけに人前で話すことが怖くなくなり、少しずつ上手(じょうず)に話せるようになりました。いまではこの話を、人を笑わせたいときの思い出話として、ありがたく使わせてもらっています。

●お父さんとの思い出

お父さんとの直接の思い出はありません。「お父さんとの思い出は?」と聞かれて思い浮かぶのは、お兄ちゃんとお姉ちゃん二人と私が母に怒られて、夜寝る部屋にも行けずに、四人でうろたえながら父の帰りを待っているシーンで

す。私は父の写真を握り締め、「お父さん、帰ってきて。早く帰ってきて。お願いだから、早く帰ってきて」と小さな声で泣きながら祈っていました。このとき、強く強くお父さんを思いました。このときのすごく孤独で不安な感情は、いまでも思い出すと涙が出ます。これが、思い出と言えるかどうか分かりませんが、父との思い出です。

●父の文章への感想・意見

お父さんは潤子という人物像を使って、天理教の教えを分かりやすく、文章でみんなに伝えたかったんだな、というのが感想です。それにしても、せっかく自分の子どもを題材にしているんだから、もう少し面白く書いてほしかったな、というのが意見です。

●現在の状況

二十七歳ですが、まだ親のお世話になりながら、看護師のアルバイトをして役者を目指しています。

●将来の見通し

役者は、未知の世界への挑戦なので、これからいくつもの高い山に出合うと思います。ひと山ひと山しっかり越えていきたいです。

看護師としては、日本、外国、どこでも医療と看護を必要としている場所へ行き、お役に立てる看護師になりたいです。

●お父さん、お母さんへ

私はどういう訳か、自分を責めることが得意です。自分をよく無価値な人間だと思い込んでしまいます。そのために、よく死にたいと思うことがあります。しかし、そんな思いに打ち克って生きてこられたのは、お父さんとお母さんの愛があったからです。

私は誰にも愛されていないと思っていました。しかし、こんな歳になっても夢を追いかけている私のことを、何も言わずに見守ってくれている両親。家に少ししかお金を入れないのに、家から放り出さずに置いてくれている両親。教会行事に無関心でまったく頼りにならないのに、一応役割を与えて期待せずに期待してくれている両親。恋人に夢中になって好き勝手しても、私のことを信じて見守ってくれている両親。二人のそんな変わらない姿勢に気づいたとき、私はお父さん、お母さんから永遠に変わらないたくさんの愛を注いでもらっているど感じました。

人の心はコロコロ変わります。自分の心もコロコロ変わってしまうから、自分自身を信じることも、なかなか難しいです。でも私は、お父さん、お母さんから注がれている愛は永遠のもので、少なくなったり多くなったりすることはなく、いつもたくさん注がれていると信じることができます。だから、生きてこられたし、生きていけるのだと思います。

お父さん、お母さん、私を愛してくれてありがとうございます。

私の大親友はすでに五人――陽子

私の子ども時代は怒濤のようだった。家にはいつも家族以外の誰かがいたし、たくさんの人が毎日のように出入りしていた。

毎朝、お母さんのところへコーヒーを飲みにやって来るおじさん。

賞味期限の切れた腐りかけを必ず持ってくるおばちゃん。

髪の毛を触るとキレるアメリカ人。

Hな雑誌を隠し持つ兄ちゃん。

信仰しないと言いながら、毎晩おつとめに来るおばあちゃん。

たばこの火傷痕があるヤンキーの姉ちゃん。

夜中にゴソゴソ盗み食いする住み込みさん。

三百六十五日、欠かさず神殿掃除にやって来る信者さん。

糖尿病なのにチョコレートをくれるおじさん。

こっそり彼女を連れ込む兄ちゃんや、ふざけてばかりの浪人生。

結婚しても名字は変えずに、私の手で法律を変えてやると言い張るお姉ちゃん。

掃除機をかけだすと泣きやむ赤ちゃん。

トイレの壁をボコボコにへこませた兄ちゃん。

お弁当を作ってほしいとやって来るホームレスの人や、祖父に秘密を打ち明けに来たおばさんもいた。お母さんに怒られてエーンエーンと泣くおばちゃんを慰めたり、けんかで殴られたおじさんの噴き出す鼻血をふき取ったりもした。

私の家族は十人のはずだけど、お兄ちゃんや妹、おじさんやおばあちゃんが増えたりして、十二人になったり、十五人になったりする。昔の記憶は尽きないし、あれこれ思い出すときりがない。

家がそんなだから、親は人の世話で大変だったろう。お母さんはいつもピリピリしていたし、お父さんはおたすけで出回っていることが多かった。親子だけでゆっくり過ごした記憶なんて、ほとんどない。

父の文章を読むと、私は理想的な温かい家族のもと、きちんと教育を受けて育てられた娘のように思えるかもしれない。でも実際は、もっとドロドロした、人間のしがらみみたいなものが渦巻く環境で育ったように思う。

そんななか、私は親から何を教わったのか。はっきりは分からないが、思いつくことが三つある。

一つは、親の人間性を肌で感じとってきたということ。

お父さんは、信仰の大切さを昔も今も変わらず信じている。そのわりに結構、新しいもの好きで、ホームセンターなんかに行けば、真っ先にアイデア商品のコーナーへ行って「こんなん、あんで」と、わざわざ見せに来る。

お母さんは、ずっと天真爛漫（らんまん）。好きなことには時間を惜しまないし、思い立ったらすぐ動くし、オナラは我慢しないし、突然もらい泣きするところがあって、包み隠さず、ありのままぶつかってくる。

これらをうまく言い換えれば、流されない頑固さと、子どものような真っすぐさと、留（とど）まらない向上心。いろいろな人が教会に来ても、二人はそのままで向き合っていく。見ていて不器用だと思うことは多々あったが、私はこういう人間性が、人と向き合っていくうえで、とても大事なんだと心から思っている。

もう一つは、あらゆる人を（教会＝家に）受け入れてきたということ。落ち着かない環境ではあったが、人間一人ひとりが、独自の考えやいろいろな思いを抱いていることを知ったし、悲しみや喜び、醜さや美しさ、人間のあらゆる側面を、この目で見て、接してきた。そしてその都度、自分がどうあるべきで、何を大事にすべきか模索する機会を、みんなが私に与えてくれたように思う。

最後の一つは、六人の兄弟姉妹を育ててくれたことだ。

幼いころはけんかが絶えなかったけれど、それでも、同じような喜びや悲しみを、一番そばで共に味わい、支え合ってきた。逆境を共に乗り越えてきたと言ってもいい。だからこそ、思いやったり、助け合ったり、そういう気持ちを育むことができた。

　私が兄弟姉妹に感じるのは、深いところで分かり合えるつながりだ。みんな性格もそれぞれに違うから、話していて本当に面白い。意見を求めれば、五通りの答えが返ってくる。もうそれだけで、もうけものだ。あるおばさんが「兄弟姉妹が多いと親友なんていらないよねー」なんて言っていたけれど、本当にそう思う。私の大の親友は、すでに五人もいる。

　いまの私が思う親の教えは、この三つ。教えというより、私なりの解釈なんだけど。

　お父さんが「世界に通じる人間になりなさい」なんて、キザなことを言う。野心家な私は、それを目指したい。そう考えると、これから自分がすべきことは山ほどある。家族を持ったり、臨床心理士としての専門性を磨いたりして、

自分の世界を広げていくこと。そして、ずっと先になるかもしれないけれど、いずれ、いろいろな人を受け入れる場を教会につくれたら、すてきだと夢見ている。兄弟姉妹一人ひとり、人と関わる専門性を持った仕事をしているから、それを活かして、人が集まる場所を教会につくりたい。だから、お父さんもお母さんも楽しみにしていてほしい。

ここは〝幸せの家〟――洋子

私は感謝している。いま、自分がこの家族の一員であることに。

私は、親に感謝していることが三つある。

一つ目は、〝生きている〟という可能性をもらえたこと。

父が常々言ってきたことがある。芝家には、命が続かないいんねんがあるのだと。それに気づいたのは、ひいおじいちゃんで、そこから運命が変わり、命が運ばれ、いまでは六人の子どもが健康に生まれ育ち、大家族となっている。

生きていることは当たり前ではなく、ご先祖様のこれまでの歩みが命をつないでくださっているのだということ。それは、決して忘れてはいけないこと。

二つ目は、どんなときも、自分の人生を選択する可能性を与えてくれたこと。私には、人生のテーマにしていることがある。それは自由に自分らしく生きるということ。それをいつも応援してくれたのは、家族や、兄弟姉妹（きょうだい）や、身近な人の存在である。特に美容業界に飛び込んでからは苦労の連続で、何度も心が折れそうになった。そんなとき、自分のこと以上に私のことを思い、信じてくれる人々のおかげで、逆境のなかでも自分を信じる心の強さが芽生えてきたように思う。そして、家を離れていても帰ってきたときには、いつでも受け入れてくれる家族、兄弟姉妹の絆（きずな）の強さを身にしみて感じた。

三つ目は、どんなときも心から支え合い、刺激し合い、共に笑い、共に泣き、互いに高め合う掛け替えのない兄弟姉妹を五人もつくってくれたこと。これは生涯にわたる、何より心強い存在である。

今も昔も変わらないことがある。私は父と母が大好きで、五人の兄弟姉妹が大好きで、この家族が大好きだということ。

ホームステイに来た外国の人たちは、みんな「はるのひ」という家に、また帰ってきたいと言う。なかでも、印象的なことを言っていた人がいた。その人は、「ここは〝幸せの家〟だ」と言った。私はこの言葉に感動した。これまで、ご先祖様の代から築き上げられてきたものが、そうやったのかと。そして、私は幸せの家に住んでいる、なんて幸せ者かと。

日々、人をたすけ、人のために一生懸命で、信頼が厚い、そんな親の背中を見ていると、子どももまた、そんな生き方がしてみたいと使命感を抱く。私もそんな親になっていきたいと思う。

私は楽しみにしている。兄弟姉妹六人が、自分という可能性に挑戦し、それぞれの自分らしさを自由に広げ、「みんなが笑うて暮らせる世界」（by龍馬）に向かって貢献していくことを。

いまはまだ無理だけど、父と母をサポートし、命を使って伝える方法は違っても、伝えたいことはきっとみんな同じだから、私は私らしく伝えていきたいと思う。そして、次に命をつなげ、よりよい世界になるように。

子育てって何だろう——慶郎

今回、父から原稿を書くように言われて、あらためて考えてみた。子育てって、いったい何をすることなのだろうか。〝子〟育てというのだから、その対象は子どもにちがいない。では、親が子どもを育てるというのは、どういうことなのか。

〝育てる〟という言葉で思い浮かぶのは、植物を育てるということ。種を植えた植木鉢から芽が出てくる。日が当たるように位置を変え、乾燥しないように水をやり、土を調え、適度に肥料を施す。大きくなりすぎたら剪定し、植え替えをする。枯れないように、きれいな花が咲くように、手間と時間をかけて世話をすること。子どもを育てるって、そういうことなのだろうか。

そんなことを考えながら、自分はどのように育てられたのか、思い出してみた。とはいっても、こちらは育てられた側だから、記憶がないころのことは分からないし、親の子育て計画が実際にどのようなものであったのかも知らない。ただ、いまの自分と、いままでの自分を振り返ってみて、〝子どもの立場から見た子育て評価〟を試みてみた。

さて、結論から言うと、僕の育てられ方はかなり放任であったように思う。野放し状態というほどではなかったけれど、あれをしなさい、これをしなさいと、厳しく指導されたことはなかったと思う。

特に思い出されるのは、進路選択のときのこと。中学生のころ、僕は絵を描くことや彫刻をすることが好きで、得意でもあった。高校受験が迫り、僕は美術・芸術が学べる専門系の高校に入りたいと思うようになった。子どもが進路を選択するとき、親にはもちろん、親の願いというものがあるだろう。父は僕に、天理高校に入るよう勧めた。中学生でありながら、すでに反骨精神があったのか、それともただの反抗期の始まりだったのか、僕は天理高校を受験しながら、自分が志望した高校も受験した。そして、両方とも受かってしまった。

両親がそのとき、どのような思いであったのか、僕は知らない。だけど父は、僕に説得の機会を用意してくれた。僕は、なぜ自分が美術系の高校に入りたいのか、思いのたけをA４の紙にびっしりとつづり、父に渡したことを覚えている。父は説得されたのか、あきらめたのか、僕の思い通りの学校に入ることを許してくれた。

三年が過ぎ、大学選択のとき、クラスメートの多くが芸術系の大学に進学するなか、僕は国際関係学を勉強したいと思い立ち、文系に転向したいと思うようになった。美術が嫌いになったわけではない。ただ、三年間みっちり美術を学んでみて、何かほかの新しいことを学びたいと思うようになったのだろう。しかし、さすがに三年間美術の世界に漬かっていただけに、大学受験の学力をつけるためには、一年間浪人しなければならなかった。

親にしてみれば、どうだったのだろう。三年前の説得はなんだったのかと思わせるような、子どもの行動。それでも父や母は特段、僕の決断に反対することなく、浪人生活を支えてくれた。そして、京都府立大学文学部に入学した。

大学に入って二年後、僕は今度は英語を学ぶために留学したいと言いだした。日本の大学がどのようなものか、ほぼ分かった僕は、またまた新しいことをしたいと思い立ったのだ。大学を休学して、カナダはバンクーバーへ飛び立った。このときも両親は、最初から最後まで、ほぼ僕の思い通りにさせてくれたように思う。

バンクーバーには一年間の滞在予定だったのに、半年目に地元の大学を受験。合格して専攻した分野は、いままで勉強してきた分野とはまったくの畑違いの「生化学」。カナダで理系に転向することになったのだ。

いま思うと、こんなにコロコロ進路を変える僕を、両親はどのように見ていたのだろう。僕が自分で決めた道に進むというとき、特に強く反対された記憶はない。だからといって、積極的にサポートされた記憶もない。高校進学のときも、大学受験のときも、留学のときも、僕は自分で準備し、自分で決めたという感覚が強い。父と母は、経済面や生活面で、静かにそばから支えてくれた、そんな感じがする。やはり、僕の子育て方針は放任主義だったような気がする。

さて、無事にカナダの大学を卒業した僕は、帰国して、今度は大阪大学の人間科学部に編入した。これまで転向してきたことにまだ飽き足らなかったのか、大阪大学では認知心理学という、またまた新しい分野の勉強をすることにした。心理学をかじったことで、脳の仕組みに興味を持った僕は、もっと深く脳のことを知りたいと思うようになった。そこで大阪大学卒業後、奨学金を取得して、イギリスのケンブリッジ大学の脳神経科学科博士課程へ。現在は、脳と情動の仕組み、特に不安症のメカニズムを研究している。

少し脱線するけれど、脳のことを書いてみたい。夜道を一人で歩いているとき、なんとなく不安に駆られる体験をした人は多いと思う。危険を察したときに不安を感じることで、逃げるという次の行動を取ることができる。まったく不安がないと、危険に対して無防備になる。かといって、過剰な不安は、恐怖症や鬱（うつ）といった精神疾患を引き起こす。

不安という情動は、生きていくうえで大切なものだけれど、あり過ぎてもいけないし、なさ過ぎてもいけない。では、子育てと不安の形成に関係性はあるのだろうか。つまり、子育ての仕方によって、不安になりやすい人や、不安になりにくい人が育ったりするのだろうか。僕の答えは、おそらくイエスだろう。ただ、解明するのは容易ではない。

いままでの研究から、人間には「不安遺伝子」というものがあることが分かってきた。不安遺伝子には、長いものと短いものの二つのタイプがある。この不安遺伝子のタイプと、性格診断による不安の程度の関係を調べたところ、どうやら短いタイプの不安遺伝子を持つ人は、不安症になる可能性が高いことが分かってきた。

遺伝情報はヒトの設計図だ。背丈や筋肉、脂肪の付きやすさといった体形、がんや糖尿病などの疾患も、生まれ持った遺伝子によって大きな影響を受けている。不安遺伝子の存在は、性格や人格も、生まれる前に遺伝子によって決定されてしまうことを意味するのだろうか。そうすると、子育ての役割とは何なのだろうか。

遺伝子には「スイッチ」がある。たとえ、不安になる遺伝子を持って生まれたとしても、その遺伝子のスイッチが入らないと、不安症になる可能性は低い。

では、何がスイッチを入れるのか。その人を取り巻く周囲の環境だろう。

話を少し単純化して考えてみる。ここに、二人の子どもがいたとする。一人は不安になる遺伝子を持った子で、もう一人は持っていない子。この二人を、不安を引き起こすような環境のもとで一緒に育てる。

すると、同じ育て方であったにもかかわらず、一人はすごく不安がちな人に育ち、もう一人は普通の人に育つ。子育ての方法は同じであっても、持って生まれた遺伝情報が違うために、二人は異なる性格になってしまうのだ。

では、不安遺伝子を持って生まれた子に、その子に合った育て方をしてやればどうなっただろう。つまり、不安遺伝子のスイッチが入らないような環境のもとで子育てをすれば、たとえその遺伝子を持っていたとしても、スイッチがオンになることはなく、不安に悩まされない大人になったかもしれない。

不安だけではない、生まれてきた子どもが持っている遺伝子のセットに合わせて、子育ての方法を選ぶことができれば、一番理想的な子育てができるかもしれない。

そこで問題なのは、遺伝子なんて見えない、ということ。生まれてきた子どもがどのような遺伝子のセットを持っているのか、外から見ても分からない。ただ、二歳、三歳と育っていくうちに、遺伝子のサインのようなものが出てくるように思う。

僕は発達心理学者ではないから、詳しいことは分からない。でも、幼い子どもを見ていると、その行動には、すでにかなりの個人差があるような気がする。つまり、小さくても、それぞれの性格の芽生えみたいなものに気づくことができるように思う。子育ての一番大事な瞬間というのは、その芽生えがどのようなものなのか、親が気づくときかもしれない。

この文章の一番最初に、子育てとは植物を育てるようなものかもしれない、と書いた。植物にはさまざまな種類がある。色も形も違うし、好む環境も千差万別。日向(ひなた)で育つものもあれば、日陰でよく育つものもある。たくさんの水を必要とするものもあれば、乾燥した土を好むものもある。また、あまり手を加えないほうが、よく育つようなものもある。

植木鉢に植えた種、親はその種が何なのか、まだ分かっていない。芽が出てきたときによく観察し、その芽がどんな木や花のものなのか、よく考え、見極める。そして、その種類に合った育て方をしていく。それが、子育てということなのかもしれない。

さて、僕の育てられ方は放任だったのではないか、と前に書いた。こまめに水をやったり、肥料を施したり、植え替えをしたりすることがなくても育つ、サボテンみたいに育てられたのかも。でもこれは、あくまで子どもから見た評価。父や母は、自分たちの子育てについて、異なる評価をしているだろう。いや、まだまだ評価できる段階ではないのかもしれない。子育てはいつ完了するのか、それも人によってさまざまだろう。

僕はまだまだ発展途上中。いつか、きれいなサボテンの花を咲かせることができるだろうか。

「運命——命を運ぶ」——父の言い分

平成十二年四月初めに、長男がカナダのバンクーバーへと旅立った。一年間、語学学校に通うためである。

彼が大学に入ったころからその望みは聞かされていたが、私はしばらくいい加減な返事をしておいた。だんだん頻繁に相談に来るようになったので、本気なら、自分で行き先や費用の捻出先を探してみるよう答えた。そのうち、彼がインターネットで受け入れ校と連絡を取るようになり、学費も低利息の融資先を見つけてきたので、父親として本腰を入れざるを得なくなった。

ちょうどその折、海外の経験も交流も豊富なある教会長さんの耳にそのことが入り、親切に相談に乗ってくださるようになった。その教会長さんによると、長男が見つけてきた学校は安心できるものではない。本当にやる気があるのなら、確かな人を紹介しようということになり、行き先をお世話してくださったのである。

私は子どもが何か頼んできても、緊急のことでなければすぐには応じない。時間をかけて、どれくらいの思いでそのことを願っているのかを確かめる。どうでもこうでもという真実を見定めれば、応援は厭わない。この場合も、そうであった。

彼は、英語で論文が書けるほど上達したいということだった。それも短期集中でないと意味がない。自動車の運転の練習に何年も貴重な時間をかけるだろうか、というのが彼の言い分であった。そのことに異論はない。しかし、単に英語学習だけなら国内でもできないことはない。ただ、少しでも自分を知るためには外へ出ることは有効だろう。同じことなら、早い時期に体験しておいたほうがいいかもしれない。ただし、それも本人の熱意次第だ。そう思って様子を見た結果、先述のような成り行きとなったのである。

そうは言うものの、やはり親として心配である。果たして、無事に暮らしているかどうか。いや、文字通り無事、事も無しというのもどうだろう。そういう意味では、失敗、大いに結構なのである。失敗が人間に味をつけるのだから。失敗するためには勇気がいる。なるかならないか、分からないまま実行に踏み切るのであって、怖がって手を出さなければ、失敗はしない。そして、やってみて失敗すれば、やはりショックだ。しばらくは立ち上がれないかもしれない。そこを何とか再び起き上がるには、これまた一層の勇気がいる。だから、失敗は人を育てる。失敗のたびに勇気が身につき、人生が見えてくる。

しかし、それでも取り返しのつかない失敗は困る。運命に傷がつく失敗、これは避けたいものだ。

運命——命を運ぶと書く。私たちは命を運んでいるのである。運動会や駅伝のリレーでバトンを受け渡しながら走るように、命を受け渡しながら生きている。走者は変わるけれど、バトンは変わらない。生きる人は変わるけれど、命そのものは変わらない。

私は父母から、父母はまたその父母から、というふうに遡ってゆける。どこまで遡れるか。天理教の教祖は、この世の元初まりまで遡れるとおっしゃった。おそらく、単細胞から虫、鳥、畜類などと、さまざまに姿を変えて命は運ばれ、いま、たまたま私のところにやって来た。どこかで切れていたら私はいない。だから、私個人の年齢は六十二歳だが、命そのものとしては、三十億年以上も年を取っているのである。

よくも続いてきたものだ。そして、この命を次へと伝える。一応、妻の協力のおかげで二人の男と四人の女へと架け渡した。あとは、一人前に走ってゆけるよう見守る仕事が残っている。

命は縦へと流れるだけではない。樹木が幹を芯にして上へ伸びると同時に、枝葉を横へと広げて、その全体で一本の木ができているように、命もさまざまな生きものとして枝分かれをし、その全体でいわば大生命として息づいている。体が六十兆の細胞のこまやかな分業と微妙なバランスによって、一人の人間としてまとまっているように、数えきれない多様な生きものが大連鎖を織り成して、地球生命体として暗い宇宙のなかで美しい輝きを放っている。人間は、その一種類にすぎない。

このように、命を運命として、すなわち「元初まり」から発して縦に流れ、横に広がる緊密な全体としてとらえる見方を、私は教祖から教わった。自分というものを、その膨大な全体のなかで、しかし掛け替えのない一つとして考えなさい、生きなさい、とおっしゃっているように悟るのである。

さて、私がいまこのひととき、分け与えられ運んでいるこの運命には、三つの要素があるように思う。

一つは、私個人としての寿命であり、健康であり、さらに言えば若さである。誰しも長生きをして、元気でいつまでも若々しくありたいと願う。しかし、願い通りにかなう人は案外少ない。特に、寿命はもともと貸していただいているものだから、いつかはお返ししなければならない。その時期は貸し主の裁量であって、借り主の思いと別なのは当然である。だから、これまでの信仰では、運命は宿命であって変えることはできず、与えられるまま甘受するしかないと説かれてきた。

だが、教祖は、運命は心次第であると教えられた。人間にとって初めて聞く話である。無限な自由ではないが、人間には特別に相当の自由が与えられた。ただし、それは自由の元である心をいかに使うか、その使い方によると聞かせてくださったのである。ここに、この道の教えで心がクローズアップされる理由がある。残念ながら、心の何たるか、その秘められたパワーをほとんどの人はまだ知らないが。

二つ目の運命の要素とは、夫婦から始まり親子へとつながる「家族」である。

家族が和気あいあいと、時には問題にぶつかりながらも、そのなかでたすけ合い、補い合い、そして外へと自立した個人を送り出す。そういう家族像を夢に描くのだが、これもなかなか難しいことである。二十年、三十年と経つうちに、生まれてきたり亡くなったり、入ってきたり出ていったりと、中身や様子が移り変わる。家族のありよう自体が問い直されているこの時代に、時の経過を超えて、私たちの家族は末永く栄えてゆけるだろうか？

三つ目は、社会との関わりである。いかに個人として健康であり、家族として仲良くても、社会が混乱したり、紛争したりしていては幸せとは言えない。社会の平和と繁栄に、個人や家族の働きを通してどれだけ貢献できるか。これも人生の大きな課題である。

誰しも幸せを願わない人はないが、幸せとは、これら運命の三つの要素が順調に巡ってゆくことではないだろうか？　だから、私は子どもたちの成人のために、その失敗をそばで見守るような親でありたいと願う一方、運命を傷つける失敗は、なんとか防がなければと念ずる。

なかでも最も避けたいのは、第一番目の命に関わる危険である。命を落としたり、また人の命を奪ったり。これは取り返しがつかない。なんとしてでも避けなければならない。

二番目の家族に関わる運命については、つまり男女の関係である。これも、無思慮な行動は深い傷となって運命を狂わせる。現代は運命というものの見方を知らないから、その場限りの気持ちで、やたらに関係を結ぶ。まことに愚かとしか言いようがない。

三番目については、特に金銭の失敗である。これまた、結果はどこまで広がり、何年後まで残るか分からない。

遠く離れている長男をはじめ、子どもたちに、これらの過ちがないように祈るのであるが、方法はそれしかないのだろうか？　と考えて、わが身を振り返ると、私は父母に手厚く守られてきたことに、いまさらながら気がつく。

「人たすけたら我が身たすかる」

教祖のこのお言葉を信念として、両親はひたすら人だすけに東奔西走した。危ういことがいくらでもあったのに、頼りないこの私が、すんでのところでいつも危機を免れて、今日、無事に大きな顔をして生きているのは、そのおかげとしか考えられない。ならば、私が子どもたちにしてやることも同じでよいのではないだろうか。

横綱といえども、自分の体は自分で持ち上げられない。非力な私でも、みんなの力を合わせれば、横綱の体を少しは浮かせられるだろう。人の運命を持ち上げようとしているうちに、周りから自分の運命が持ち上げられる。これが、教祖の明かされた天理である。この天理に沿うこと——これこそ、私みずからが実践につとめ、次へと伝えねばならないことだと思う。

本書の内容は、『さんさい』（天理教少年会）一九九一年七月号～一九九三年三月号の「虹色心もよう」、および二〇〇〇年八月号の「運命――命を運ぶ」を改題のうえ加筆し、新たに書き下ろし原稿を加えたものです。

芝太郎（しば　たろう）
昭和23年（1948年）6月10日生まれ。
大阪大学大学院博士課程修了（哲学哲学史専攻）。
昭和59年、はるゑひ分教会長。
平成12年（2000年）、大阪教区啓発委員会委員長。
平成16年、教化育成部基礎育成課長（18年まで）。
平成19年、天理やまと文化会議委員（22年まで）、
天理教啓発委員会委員。
地域においては地元の小中学校のＰＴＡ会長を
歴任、平成16年からは保護司を務める。

きずな新書 005

こどもの言い分

立教174年（2011年）3月1日　初版第1刷発行

著　者　芝　　太　郎

発行所　天理教道友社
〒632-8686　奈良県天理市三島町271
電話　0743（62）5388
振替　00900-7-10367

印刷所　株式会社天理時報社
〒632-0083　奈良県天理市稲葉町80

ISBN978-4-8073-0555-1
定価はカバーに表示

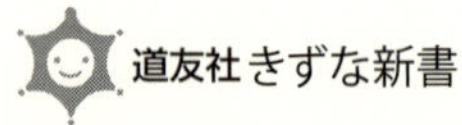

創刊のことば

いま、時代は大きな曲がり角に差しかかっています。

伝統的な価値観が変容し、社会のありようが多様化する中で、心の拠り所を見失い、自己中心的で刹那的な生き方に流れる人々が増えています。

そんな現代社会の風潮が、最も顕著に現れている姿が〝家庭の崩壊〟ではないでしょうか。

夫婦・親子のつながりの希薄化は、さまざまな家族の問題を引き起こし、社会の基盤を揺るがしかねない深刻な問題となっています。このような時代にあって、天理教の信仰者には、社会の基本単位である家族の絆を強めつつ、心を合わせ、互いにたすけ合う団欒の姿を社会へ映していくことが求められています。教えに沿った生き方を心がけ、ようぼくらしい歩み方を進める中で、親神様と人間の〝究極の家族団欒〟である陽気ぐらし世界を目指していくのです。

道友社では、この大きな課題に真摯に向き合ううえから、現代社会における信仰者のあり方を見つめ直すとともに、一れつきょうだいの絆を結ぶ一助として、さらには「道と社会」の橋渡しとなることを願って、「きずな新書」を創刊いたします。

立教173年４月